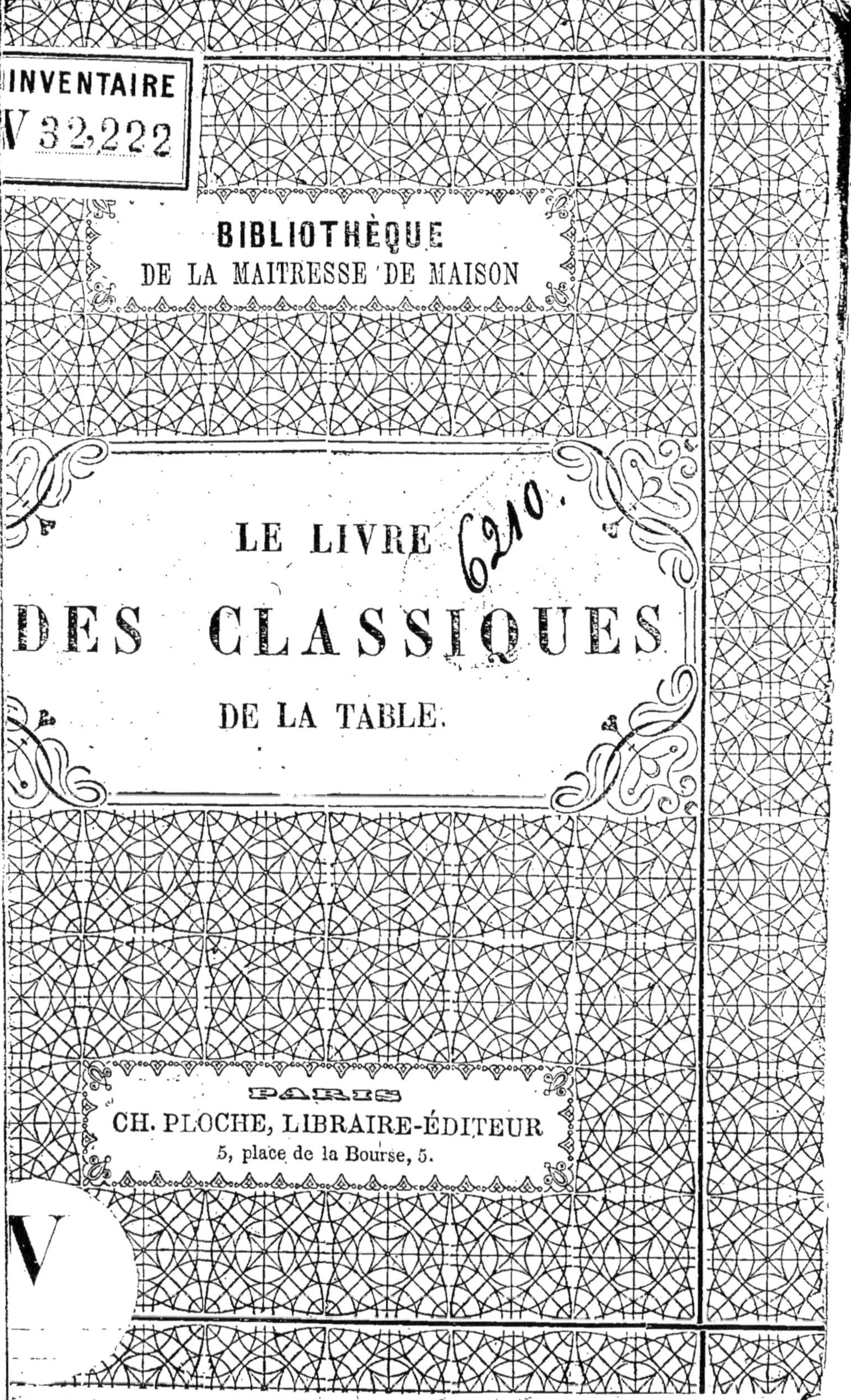

LE LIVRE
DES CLASSIQUES
DE LA TABLE.

PARIS
CH. PLOCHE, LIBRAIRE-ÉDITEUR
5, place de la Bourse, 5.

LE LIVRE

DES

CLASSIQUES DE LA TABLE

CONTENANT

LES PRESCRIPTIONS DE CONVENANCE ET DE GOUT,

LES APHORISMES GASTRONOMIQUES,
LES INVENTIONS CULINAIRES ET LES ANECDOTES DE TABLE
DUS A TOUTES LES GLOIRES DE L'ART DE MANGER.

Par

JULIEN LEMER.

PARIS

CH. PLOCHE, LIBRAIRE-ÉDITEUR,

5, place de la Bourse.

1852

PARIS, IMP. DE SCHILLER AINÉ, 11, RUE DU FAUB. MONTMARTRE.

LE LIVRE

DES CLASSIQUES DE LA TABLE.

Connaître la direction du service général de la table, avoir des notions d'art culinaire, savoir se rendre compte des ressources et des moyens du ménage, tout cela ne suffit pas à la maîtresse de maison qui reçoit, et dont la table est quelquefois dressée pour des convives amis ou connaisseurs qu'on est bien aise de traiter d'une façon distinguée et suivant les principes de la haute gastronomie. Il est encore utile d'avoir lu ou tout au moins de pouvoir rapidement parcourir les principales prescriptions que les maîtres connus sous le nom de classiques de la table ont publiées dans des écrits dont quelques-uns sont considérés, à juste titre, comme des chefs-d'œuvre dans leur genre.

Parler des classiques de la table, c'est nommer Brillat-Savarin, dont le livre prodigieux, *la Physiologie du Goût,* doit être dans toutes les bibliothèques de ménage. Brillat-Savarin est le grand-maître de la science, de l'art, de la philosophie de la table; c'est le Montesquieu de la gastronomie. Mais, après lui, on peut encore en citer quelques autres dont les écrits, moins connus, ne laissent pas que d'avoir infiniment de mérite, et d'être dignes d'intéresser toutes les personnes qui tiennent à avoir une table servie avec goût et distinction, et à s'instruire, à cet égard, des véritables oracles en cette matière; tels sont Berchoux, Grimod de la Reynière, M. de Cussy, A Carême.

Personnellement, l'auteur indigne de ce recueil

n'est pas étranger aux choses gastronomiques. Si donc on lui permet de se donner à lui-même la parole avant de la donner à ses professeurs, il ouvrira la marche par une petite introduction, une sorte de plaidoyer en faveur de la gastronomie, et il la mettra sous l'invocation du plus vénéré de tous les classiques, Brillat-Savarin, qui a dit :

« Les animaux se repaissent, l'homme mange, l'homme d'esprit seul sait manger. »

INTRODUCTION.

Il y a en France un préjugé, qui heureusement tend à disparaître, contre la gastronomie et tout ce qui a rapport au plaisir de la table. On est trop généralement porté à confondre ce grand art du *savoir manger*, qui sera peut-être un jour considéré comme le premier de tous, avec la gourmandise.

Pourtant la gastronomie est à la gourmandise ce que la musique est au tapage, ce que l'architecture est à la maçonnerie, ce que la sculpture est à la taille des pierres, ce que la peinture est aux enseignes de cabarets, ce que la poésie est à la tragédie de l'Empire.

Si les étymologistes et les faiseurs de dictionnaires avaient quelque influence sur la langue usuelle, ils auraient fait comprendre que la présence dans le mot gastronomie du substantif grec νομος, qui signifie loi, règle, suffit pour prouver qu'il n'implique aucune idée d'excès ni de dérèglement.

Et pourquoi, je vous le demande, affecter ce dédain superbe pour les connaissances qui se rattachent à ce plaisir, qui survit à tous les autres, et douter que l'étude des voies et moyens par lesquels on peut le faire naître et le perfectionner, constitue véritablement un art ?

Trouvez donc un art qui satisfasse à la fois tant de parties intéressantes de nous mêmes ? La gastronomie bien comprise intéresse à la fois ou successivement trois sens : la vue, l'odorat et le goût. Soyez sûr en même temps qu'elle exerce une influence très-notable et très-immédiate sur l'imagination et même sur le cœur.

Il y aurait un beau chapitre à écrire sous ce titre : *Des rapports intimes du cœur et de l'esprit avec l'estomac et le goût.*

En attendant que ce travail physiologique soit fait, n'ayez garde d'oublier ces quelques axiomes.

AXIOMES.

Il ne faut pas compter sur la générosité et sur la bienveillance des hommes qui ne savent pas manger.

Les grands penseurs qui ne mangent pas ont, le plus souvent, le cerveau creux comme l'estomac.

Femmes, défiez-vous des hommes qui mangent mal.

Hommes, ayez peu de confiance dans les femmes qui dédaignent la table. — Il est assez bon qu'une femme ait une petite pointe de gourmandise.

Chez une jolie femme, une gourmandise fine et *artiste* est une grâce, un attrait de plus.

Je sais bien que ce langage est de nature à scandaliser pas mal de gens. Le temps n'est pas éloigné où la poésie poitrinaire avait mis à la mode la maigreur, la pâleur, la sobriété et l'indifférence pour les choses matérielles.

En vérité, cela n'était pas nouveau et serait très-vieux aujourd'hui ; laissons les Philamintes du jour m'anathématiser, et s'écrier, avec les *Femmes savantes* de Molière :

Que ce discours grossier terriblement assomme !
Et quelle indignité pour ce qu'on appelle homme
D'être baissé sans cesse aux soins matériels,
Au lieu de se hausser vers les spirituels.

Je ne leur répondrai pas, comme le bonhomme Chrysale :

Je vis de bonne soupe et non de beau langage.

Car, si j'aime à vivre de bonne soupe, j'aime aussi à vivre de beau langage. Mais je leur apprendrai que nos grands poètes et nos grands écrivains, s'ils ne font point parade de leur goût pour la bonne chère, lui rendent assez souvent un culte fort éloquent entre six et sept heures du soir, et mieux entre minuit et une heure du matin.

C'est d'un écrivain qui ne manque ni de talent ni de renommée qu'est ce beau mot ; — on l'avait successivement invité à accepter un déjeuner et un dîner d'amateurs. Après avoir refusé ces deux propositions, il répondit :

Je déjeune rarement, je dîne quelquefois, mais je soupe toujours !

Croyez-moi, mesdames, quoi qu'il puisse vous en coûter de perdre vos illusions poétiques sur quelques hommes que vous vous plaisez à vous représenter comme des êtres incorporels ; croyez-moi, M. de Lamartine dîne volontiers chez Véry ; M. Victor Hugo ne dédaigne nullement un bon dîner ; M. Alfred de Musset ne fait point fi du plaisir de se trouver devant une table bien servie ; M. Jules Sandeau commande et mange on ne peut plus spirituellement un repas de haut goût ; quant à M. Alexandre Dumas, il vous a raconté lui-même le goût prononcé qu'il a pour la cuisine.

Hélas ! moi aussi, je me suis longtemps et souvent senti un vif penchant pour cet art trop méconnu. Pourquoi faut-il que cette profession ne soit pas placée dans notre société à la hauteur de considération qu'elle mérite ? Au lieu de vous cuisiner un article médiocre, qui vous ennuiera, sans doute, je vous rédigerais, ce qui vaudrait infiniment mieux, un plat de mon invention qui vous charmerait peut-être, dont la découverte aurait fait de moi un bienfaiteur de l'humanité, et porté mon nom à la postérité la plus reculée.

Ma foi, si ma destinée est manquée, tant pis pour la société ; c'est bien sa faute.

Il s'est trouvé un homme pourtant qui avait compris l'élévation du rôle que devait jouer le cuisinier vraiment digne de ce beau titre.

ANECDOTE.

Cet homme, que, pour la facilité du récit, j'appellerai Aubergeac, considérait un cuisinier comme un artiste.

Son aphorisme favori était celui-ci :

On peut devenir poète, peintre, architecte, sculpteur, musicien, mais il faut être né cuisinier.

Aussi, après qu'il eut longtemps cherché le cuisinier modèle, il lui arriva ce qui advient à tout homme qui cherche avec volonté et passion : il trouva.

De ce cuisinier, il fit non pas son domestique, mais son ami, son ami le plus intime. Tous les matins, Martial, le cuisinier, allait passer trois ou quatre heures dans le cabinet de son ami Aubergeac. Dans ces conférences, on traitait non-seulement la question du repas du jour, mais aussi celle des repas à venir; on s'élevait même souvent à des considérations, à des théories générales sur le grand art de manger et de boire.

Lorsque Martial avait inventé quelque chose de nouveau, et que l'expérience démontrait la supériorité de l'invention, Aubergeac invitait à dîner ou à souper quelques fins dilettantes ez gastronomie, et il jouissait de leur surprise et de leur admiration. Il n'avait, il n'a jamais eu d'autre amour-propre. C'est de lui qu'on aurait pu dire, comme Célimène du jeune Cléon :

Que de son cuisinier il s'est fait un mérite

Je dois ajouter cependant qu'il avait aussi un mérite personnel d'appréciation, et que souvent il sut exciter et diriger l'inspiration de son ami Martial.

Malheureusement Aubergeac avait un vice, il était égoïste, égoïste à la manière de ces amateurs de tableaux qui aiment à vous faire voir leur galerie, mais qui tiennent à ce qu'on ne reste pas longtemps devant la même peinture; ils semblent craindre que vos yeux n'arrachent à la toile un peu de ses couleurs. Le fait est qu'au fond ils redoutent les copies, même celles qu'on pourrait faire de mémoire.

Tel était Aubergeac; il tenait à conserver le monopole de son cuisinier et des œuvres qu'il inspirait. La pensée qu'on aurait pu imiter, copier, reproduire un de ses plats, lui était intolérable.

On pense bien que les amis et les commensaux d'Aubergeac ne manquèrent pas de chercher à séduire Martial. La renommée de ce *chef* de génie devint telle, qu'il reçut même les offres les plus magnifiques de plusieurs ambassadeurs et de pas mal de ministres, donneurs de dîners; mais Martial resta incorruptible devant les six, huit et dix mille francs de traitement qu'on lui offrait, ni plus ni moins qu'Hippocrate devant les présents d'Artaxercès.

— Que me font, disait-il, les richesses et les honneurs? n'ai-je pas l'amitié de mon cher Aubergeac, qui me laissera, je n'en puis douter, toute sa fortune?

Aubergeac avait en effet préparé un testament en faveur de Martial.

Mais, hélas! combien la vertu humaine est fragile! Martial avait découvert un condiment superlatif pour accommoder le bœuf bouilli et en faire un mets des plus exquis qu'on eût jamais mangé. Un riche Anglais, invité en qualité de fourchette célèbre et cosmopolite, à goûter de ce bœuf, avait déclaré qu'aucune nation n'avait jamais rien produit de comparable. Il fit proposer à Martial mille guinées, s'il voulait lui permettre d'assister à la préparation de ce condiment.

Comme de juste, Martial refusa; mais l'Anglais était entreprenant et vingt fois millionnaire; il en serait venu au suicide plutôt que de renoncer à l'espoir d'emporter en Angleterre la merveilleuse recette. Il offrit cinquante, cent, deux cent mille francs... Que n'aurait-il pas offert, si le chiffre de dix mille francs de rente n'eût pas suffi pour triompher des scrupules de Martial!

Vous m'en direz tant! disait la reine Anne d'Autriche à Mazarin. C'est aussi ce que se dit Martial, en pensant, du reste, que le cher Aubergeac ne saurait rien de l'affaire, puisqu'il ne s'agissait que de révéler cette recette exclusivement pour un petit cycle de gourmands de la Grande-Bretagne.

L'Anglais paya donc les huit mille guinées convenues, et s'en alla, fier comme Artaban, porter le nouveau bouilli à ses co-gourmands de Londres.

Aubergeac ne sut rien en effet, le cycle anglais resta discret; mais Martial avait compté sans sa conscience. Chaque fois que son ami lui parlait de ce bouilli remarquable, digne d'immortaliser un cuisinier, il ne pouvait s'empêcher de rougir; sa voix s'altérait, et, s'il lui arrivait de refaire cette prodigieuse préparation, l'émotion que ce travail lui causait lui donnait la fièvre.

Il tomba malade. Un jour que la figure triste du médecin lui donnait lieu de penser que son état était désespéré, il prit les mains de son ami Aubergeac, qui le veillait avec toute l'inquiète tendresse d'une mère pour son enfant, et lui confessa, en pleurant, le crime dont il s'était rendu coupable.

Aubergeac pâlit, se lève. Le feu de l'indignation éclate dans ses yeux, ses mains se crispent; il accable des noms les plus odieux le malheureux mourant qui est sorti de son lit pour se jeter aux genoux de son ami. Sentant qu'il ne pourra longtemps rester maître de sa colère, et craignant de se porter à quelque acte de violence, Aubergeac s'élance dehors en maudissant le traître et en lui jetant ces derniers mots : Je vous chasse !

Une heure après, on transportait Martial dans un appartement que le médecin avait loué pour lui. La scène violente de sa confession ava't produit sur sa santé une révolution favorable. Au bout de quelques jours, il était rétabli. Mais ce fut en vain qu'il chercha à revenir auprès de son ami ; il trouva toujours porte et cœur fermés.

Quant à Aubergeac , il alla triste et désolé de cuisinier en cuisinier, sans pouvoir retrouver un artiste digne de succéder à Martial. Le marasme s'empara de lui, et il mourut en exprimant à ses héritiers le vœu qu'une partie de sa fortune servît à fonder une académie de cuisine. Ce vœu ayant été regardé comme un acte de folie, on ne s'inquiéta nullement de l'exaucer.

Martial, de son côté, se dégoûta de la cuisine : il traîna pendant trois ou quatre ans une pénible existence, et expira chargé de ses remords et de la malédiction de son *ami*.

Tel fut le prix de l'égoïsme et de la trahison de ces deux hommes dignes de se comprendre, qui auraient pu, s'ils eussent été doués d'une âme plus généreuse, rend e de si grands services à la cuisine humaine !

Non moins égoïste que le malheureux Aubergeac, l'Anglais excentrique a emporté dans le tombeau la recette du bouilli *nec plus ultrà*, qu'il avait payée si cher.

J'ai du reste été singulièrement prévenu dans mes idées sur les honneurs et la considération de nos grands cuisiniers. Ainsi l'on assure que, dès 1812, avant par conséquent la publication de la *Physiologie du goût*, le président Henrion de Pansey, devançant Brillat-Savarin, causant avec trois chimistes de premier ordre, Laplace, Chaptal et Bertholet, leur disait :

« Je regarde la découverte d'un mets nouveau qui soutient notre appétit et prolonge nos jouissances, comme un événement bien plus intéressant que la découverte d'une étoile; on en voit toujours assez.

» Je ne regarderai point, ajouta-t-il, les sciences comme suffisamment honorées et comme convenablement représentées, tant que je ne verrai pas un cuisinier siéger à la première classe de l'Institut. »

LES CLASSIQUES.

RRILLAT-SAVARIN.

Né à Belley, petite ville du département de l'Ain, le 1er avril 1755, ce piquant écrivain fut un législateur médiocre de l'Assemblée constituante. Il quitta la France en 1792, et se réfugia tour à tour en Suisse et en Amérique. Rentré en 1796, il devint et resta un magistrat assez ordinaire. Ses livres sur le *duel* et sur *l'administration judiciaire* sont complétement oubliés, c'est à la *Physiologie du goût*, ouvrage publié après sa mort, en 1826, qu'il a dû, qu'il devra toute sa célébrité.

De son vivant, si l'on en croit M. Fayot, qui l'a connu, le professeur n'était pas un gastronome dans l'acception fine et délicate du mot, c'était simplement un vigoureux mangeur. Il ne donnait point à dîner, et était peu connu en dehors de l'intimité du président de la Cour de cassation, et du salon de madame Récamier. Sa conversation brisée, lourde, monotone, n'indiquait en rien la finesse de son esprit, que son livre révéla après sa mort. C'était un homme de haute taille (on l'avait surnommé le tambour-major de la Cour de cassation), d'une figure et d'un aspect assez vulgaire, qui portait un costume presque austère; son grand col de chemise, qui lui montait jusqu'aux oreilles, n'aurait eu rien à envier à celui que portait Spontini dans les dernières années de sa vie ; il avait toujours des souliers sur lesquels flottaient de larges pantalons. Dans ses causeries, le méditateur gastronomique avait plutôt l'air d'écouter que de causer.

Point n'est besoin de faire ici l'éloge de son livre. Il suffira d'en citer les fragments les plus saillants, les généralités les plus importantes, pour en faire apprécier l'esprit et comprendre la portée.

Quoi de plus profondément pensé et de mieux dit, par exemple, que cette collection d'aphorismes :

APHORISMES DU PROFESSEUR

Pour servir de prolégomènes à son ouvrage, et de base éternelle à la science.

I. L'Univers n'est rien que par la vie, et tout ce qui vit se nourrit.

II. Les animaux se repaissent ; l'homme mange ; l'homme d'esprit seul sait manger.

III. La destinée des nations dépend de la manière dont elles se nourrissent.

IV. Dis-moi ce que tu manges, je te dirai ce que tu es.

V. Le Créateur, en obligeant l'homme à manger pour vivre, l'y invite par l'appétit, et l'en récompense par le plaisir.

VI. Le plaisir de la table est de tous les âges et de toutes les conditions, de tous les pays et de tous les jours ; il peut s'associer à tous les autres plaisirs, et reste le dernier pour nous consoler de leur perte.

VII. La table est le seul endroit où l'on ne s'ennuie jamais pendant la première heure.

VIII. La découverte d'un mets nouveau fait plus pour le bonheur du genre humain que la découverte d'une étoile.

IX. Ceux qui s'indigèrent et qui s'enivrent ne savent ni boire ni manger.

X. L'ordre des comestibles est des plus substantiels aux plus légers.

XI. L'ordre des boissons est des plus tempérées aux plus fumeuses.

XII. Prétendre qu'il ne faut pas changer de vins est une hérésie; la langue se sature, et après le troisième verre le meilleur vin n'éveille qu'une sensation obtuse.

XIII. Un dessert sans fromage est une belle à qui il manque un œil.

XIV. On devient cuisinier, mais on naît rôtisseur.

XV. La qualité la plus indispensable d'un cuisinier est l'exactitude : elle doit être aussi celle du convié.

XVI. Attendre trop longtemps un convive retardataire est un manque d'égards pour tous ceux qui sont présents.

XVII. Celui qui reçoit ses amis et ne donne aucun soin personnel au repas qui leur est préparé n'est pas digne d'avoir des amis.

XVIII. La maîtresse de la maison doit toujours s'assurer que le café est excellent; et le maître que les liqueurs sont de premier choix.

XIX. Convier quelqu'un, c'est se charger de son bonheur pendant tout le temps qu'il est sous notre toit.

Je laisse de côté les détails anatomiques et physiologiques, ainsi que les considérations générales sur la gastronomie, et je passe à un chapitre qui donnera aux maîtresses de maison qui reçoivent des convives une idée de l'importance qu'on doit attacher à l'exactitude du service; ce chapitre est intitulé *De l'appétit.*

Définition de l'appétit. — Le mouvement et la vie occasionnent dans le corps vivant une déperdition continuelle de substance; et le corps humain, cette machine si compliquée, serait bientôt hors de service si la Providence n'y avait placé un ressort qui l'avertit du moment où ses forces ne sont plus en équilibre avec ses besoins.

Ce moniteur est l'appétit. On entend par ce mot la première impression du besoin de manger.

L'appétit s'annonce par un peu de langueur dans l'estomac, et une légère sensation de fatigue.

Enfin l'appareil nutritif s'émeut tout entier : l'estomac devient sensible, les sucs gastriques s'exaltent ; les gaz intérieurs se déplacent avec bruit; la bouche se remplit de sucs, et toutes les puissances digestives sont sous les armes, comme les soldats qui n'attendent plus que le commandement pour agir. Encore quelques moments, on aura des mouvements spasmodiques, on bâillera, on souffrira, on aura faim.

On peut observer toutes les nuances de ces divers états dans tout salon où tout dîner se fait attendre.

Elles sont tellement dans la nature que la politesse la plus exquise ne peut en déguiser les symptômes ; d'où j'ai dégagé cet apophthegme : *De toutes les qualités du cuisinier. la plus indispensable est l'exactitude.*

ANECDOTE. — J'appuie cette grave maxime par les détails d'une observation faite dans une réunion dont je faisais partie,

Quorum pars magna fui.

et où le plaisir d'observer me sauva des angoisses de la misère.

J'étais un jour invité à dîner chez un haut fonctionnaire public. Le billet d'invitation était pour cinq heures et demie, et au moment indiqué tout le monde était rendu; car on savait qu'il aimait qu'on fût exact, et grondait quelquefois les paresseux.

Je fus frappé, en arrivant, de l'air de consternation que je vis régner dans l'assemblée : on se parlait à l'oreille, on regardait dans la cour à travers les carreaux de la croisée: quelques visages annonçaient la stupeur. Il était certainement arrivé quelque chose d'extraordinaire.

Je m'approchai d'un des convives que je crus le plus en état de satisfaire ma curiosité, et lui demandai ce qu'il y avait de nouveau. « Hélas! me répondit-il avec l'accent » de la plus profonde affliction, monseigneur vient d'être » mandé au conseil d'Etat; il part en ce moment, et qui » sait quand il reviendra? — N'est-ce que cela? répon- » dis-je d'un air d'insouciance qui était bien loin de mon » cœur. C'est tout au plus l'affaire d'un quart d'heure; » quelques renseignements dont on aura eu besoin; on » sait qu'il y a ici aujourd'hui dîner officiel; on n'a au-

» cune raison pour nous faire jeûner. » Je parlais ainsi, mais au fond de l'âme je n'étais pas sans inquiétude, et j'aurais voulu être bien loin.

La première heure se passa bien : on s'assit auprès de ceux avec qui on était lié ; on épuisa les sujets banaux de conversation, et on s'amusa à faire des conjectures sur la cause qui avait pu faire appeler aux Tuileries notre cher amphytrion.

A la seconde heure, on commença à apercevoir quelques symptômes d'impatience ; on se regardait avec inquiétude, et les premiers qui murmurèrent furent trois ou quatre convives qui, n'ayant pas trouvé de place pour s'asseoir, n'étaient pas en position commode pour attendre.

A la troisième heure, le mécontentement fut général, et tout le monde se plaignait : « Quand reviendra-t-il ? disait l'un. — A quoi pense-t-il ? disait l'autre. — C'est à en mourir ! » disait un troisième. Et on se faisait, sans jamais la résoudre, la question suivante : « S'en ira-t-on ? ne s'en ira-t-on pas ? »

A la quatrième heure, tous les symptômes s'aggravèrent : on étendait les bras, au hasard d'éborgner les voisins ; on entendait de toutes parts des bâillements chantants ; toutes les figures étaient empreintes des couleurs qui annoncent la concentration ; et on ne m'écouta pas quand je me hasardai à dire que celui dont l'absence nous attristait tant était sans doute le plus malheureux de tous.

L'attention fut un instant distraite par une apparition. Un des convives, plus habitué que les autres, pénétra jusque dans les cuisines ; il en revint tout essoufflé : sa figure annonçait la fin du monde, et il s'écria d'une voix à peine articulée et de ce ton sourd qui exprime à la fois la crainte de faire du bruit et l'envie d'être entendu : « Monseigneur est parti sans donner d'ordres ; et quelle que soit son absence, on ne servira pas qu'il ne revienne. » Il dit : et l'effroi que causa son allocution ne sera pas surpassé par l'effet de la trompette du jugement dernier.

Parmi tous ces martyrs, le plus malheureux était le bon d'Aigrefeuille, que tout Paris a connu ; son corps n'était que souffrance, et la douleur de Laocoon était sur son visage. Pâle, égaré, ne voyant rien, il vint se hucher sur un fauteuil, croisa ses petites mains sur son gros ventre, et ferma les yeux, non pour dormir, mais pour attendre la mort.

Elle ne vint cependant pas. Vers les dix heures, on entendit une voiture rouler dans la cour; tout le monde se leva d'un mouvement spontané. L'hilarité succéda à la tristesse, et après cinq minutes on était à table.

Mais l'heure de l'appétit était passée. On avait l'air étonné de commencer à dîner à une heure si indue ; les mâchoires n'eurent point ce mouvement isochrone qui annonce un travail régulier; et j'ai su que plusieurs convives en avaient été incommodés.

La marche indiquée en pareil cas est de ne point manger immédiatement après que l'obstacle a cessé ; mais d'avaler un verre d'eau sucrée ou une tasse de bouillon pour consoler l'estomac, d'attendre ensuite douze ou quinze minutes, sinon l'organe convulsé se trouve opprimé par le poids des aliments dont on le surcharge.

J'arrive à une méditation qui n'a pas moins d'importance, et qui est de nature peut-être à instruire encore plus vivement une maîtresse de maison; c'est le passage intitulé *Spécialité,* qui contient, sur le choix des objets d'alimentation, des renseignemens, des notions qu'on ne saurait trouver dans aucun traité de cuisine; j'en extrais ce qui est relatif aux mets les plus usuels, les mieux appropriés aux tables bourgeoises.

SPÉCIALITÉS.

§ Ier. POT AU FEU, POTAGE, etc. — On appelle pot au feu un morceau de bœuf destiné à être traité à l'eau bouillante légèrement salée, pour en extraire les parties solubles.

Le bouillon est le liquide qui reste après l'opération consommée.

Enfin on appelle *bouilli* la chair dépouillée de sa partie soluble.

L'eau dissout d'abord une partie de l'osmazôme ; puis l'albumine qui, se coagulant avant le 50e degré Réaumur, forme l'écume qu'on enlève ordinairement, puis le surplus de l'osmazôme avec la partie extractive ou jus ; enfin, quelques portions de l'enveloppe des fibres, qui sont détachées par la continuité de l'ébullition.

Pour avoir de bon bouillon, il faut que l'eau s'échauffe lentement, afin que l'albumine ne se coagule pas dans l'intérieur avant d'être extraite, et il faut que l'ébullition s'aperçoive à peine, afin que les diverses parties qui sont successivement dissoutes puissent s'unir intimement et sans trouble.

On joint au bouillon des légumes ou des racines pour en relever le goût, et du pain ou des pâtes pour le rendre plus nourrissant : c'est ce qu'on appelle un potage.

Le potage est une nourriture saine, légère, nourrissante et qui convient à tout le monde ; il réjouit l'estomac et le dispose à recevoir et à digérer. Les personnes menacées d'obésité n'en doivent prendre que le bouillon.

On convient généralement qu'on ne mange nulle part d'aussi bon potage qu'en France, et j'ai trouvé dans mes voyages la confirmation de cette vérité. Ce résultat ne doit point étonner, car le potage est la base de la diète nationale française, et l'expérience des siècles a dû le porter à sa perfection.

§ II. DU BOUILLI. — Le bouilli est une nourriture saine, qui apaise promptement la faim, se digère assez bien, mais qui, seule, ne restaure pas beaucoup, parce que la viande a perdu dans l'ébullition une partie des sucs animalisables.

On tient comme règle générale en administration que que le bœuf bouilli a perdu la moitié de son poids.

Nous comprenons sous quatre catégories les personnes qui mangent le bouilli :

1° Les routiniers, qui en mangent parce que leurs parents en mangeaient, et qui, suivant cette pratique avec une soumission implicite, espèrent bien aussi être imités par leurs enfants ;

2° Les impatients, qui, abhorrant l'inactivité à table, ont contracté l'habitude de se jeter immédiatement sur la première chose qui se présente (*materiam subjectam*).

3° Les inattentifs, qui, n'ayant pas reçu du ciel le feu sacré, regardent les repas comme les heures d'un travail obligé, mettent sur le même niveau tout ce qui peut les nourrir, et sont à table comme l'huître sur son banc;

4° Les dévorants, qui, doués d'un appétit dont ils cherchent à dissimuler l'étendue, se hâtent de jeter dans leur estomac une première victime pour apaiser le feu gastrique qui les dévore, et servir de base aux divers envois qu'ils se proposent d'acheminer pour la même destination.

Les professeurs ne mangent jamais de bouilli, par respect pour les principes et parce qu'ils ont fait entendre en chaire cette vérité incontestable : *Le bouilli est de la chair moins son jus.*

§ III. VOLAILLES. — Je suis grand partisan des causes secondes, et crois fermement que le genre entier des gallinacées a été créé uniquement pour doter nos garde-mangers et enrichir nos banquets.

Effectivement, depuis la caille jusqu'au coq-d'Inde, partout où l'on rencontre un individu de cette nombreuse famille, on est sûr de trouver un aliment léger, savoureux, et qui convient également au convalescent et à l'homme qui jouit de la plus robuste santé.

Nous ne nous sommes pas contentés des qualités que la nature avait données aux gallinacées; l'art s'en est emparé, et, sous prétexte de les améliorer, il en a fait des martyrs. Non-seulement on les prive des moyens de se reproduire, mais on les tient dans la solitude, on les jette dans l'obscurité, on les force à manger, et on les amène ainsi à un embonpoint qui ne leur était pas destiné.

Il est vrai que cette graisse ultra-naturelle est aussi délicieuse, et que c'est au moyen de ces pratiques damnables qu'on leur donne cette finesse et cette succulence qui en font les délices de nos meilleures tables.

Ainsi améliorée, la volaille est pour la cuisine ce qu'est la toile pour les peintres, et pour les charlatans, le chapeau de Fortunatus; on nous la sert bouillie, rôtie, frite, chaude ou froide, entière ou par parties, avec ou sans sauce, désossée, écorchée, farcie, et toujours avec un égal succès.

Trois pays de l'ancienne France se disputent l'honneur de fournir les meilleures volailles; savoir : le pays de Caux, le Mans et la Bresse.

Relativement aux chapons, il y a du doute, et celui

qu'on tient sons la fourchette doit paraître le meilleur; mais pour les poulardes, la préférence appartient à celles de Bresse, qu'on appelle *poulardes fines*, et qui sont toutes rondes comme une pomme. C'est grand dommage qu'elles soient rares à Paris, où elles n'arrivent que dans des bourriches votives.

§ IV. DU COQ D'INDE. — Le dindon est certainement un des plus beaux cadeaux que le Nouveau-Monde ait faits à l'Ancien.

Ceux qui veulent toujours en savoir plus que les autres ont dit que le dindon était connu aux Romains, qu'il en fut servi un aux noces de Charlemagne, et qu'ainsi c'est mal à propos qu'on attribue aux jésuites l'honneur de cette savoureuse importation.

A ces paradoxes on pourrait n'opposer que deux choses:

1° Le nom de l'oiseau qui atteste son origine, car autrefois l'Amérique était désignée sous le nom d'*Indes occidentales;*

2° La figure du coq d'Inde, qui est évidemment tout étrangère.

Un savant ne pourrait pas s'y tromper.

Mais, quoique déjà bien persuadé, j'ai fait à ce sujet des recherches assez étendues, dont je fais grâce au lecteur, et qui m'ont donné pour résultat:

1° Que le dindon a paru en Europe vers la fin du dix-septième siècle;

2° Qu'il a été importé par les jésuites, qui en élevaient une grande quantité, spécialement dans une ferme qu'ils possédaient aux environs de Bourges;

3° Que c'est de là qu'ils se sont répandus peu à peu sur la surface de la France: c'est ce qui fait qu'en beaucoup d'endroits, et dans le langage familier, on disait autrefois et on dit encore un *jésuite*, pour désigner un dindon;

4° Que l'Amérique est le seul endroit où on a trouvé le dindon sauvage et dans l'état de nature (il n'en existe pas en Afrique);

5° Que dans les fermes de l'Amérique septentrionale, où il est fort commun, il provient, soit des œufs qu'on a pris et fait couver, soit des jeunes dindonneaux qu'on a surpris dans les bois et apprivoisés: ce qui fait qu'ils sont plus prêts de l'état de nature et conservent davantage leur plumage primitif.

Et vaincu par ces preuves, je conserve aux bons pères une double part de reconnaissance, car ils ont aussi importé le quinquina, qui se nomme en anglais *jésuit's bark* (écorce des jésuites).

DES DINDONIPHILES. — Le dindon est le plus gros, et sinon le plus fin, du moins le plus savoureux de nos animaux domestiques.

Il jouit encore de l'avantage unique de réunir autour de soi toutes les classes de la société.

Quand les vignerons et les cultivateurs de nos campagnes veulent se régaler dans les longues soirées d'hiver, que voit-on rôtir au feu brillant de la cuisine où la table est mise? un dindon.

Quand le fabricant utile, quand l'artiste laborieux rassemble quelques amis pour jouir d'un relâche d'autant plus doux qu'il est plus rare, quelle est la pièce obligée du dîner qu'il leur offre? un dindon farci de saucisses ou de marrons de Lyon.

Et dans nos cercles les plus éminemment gastronomiques, dans ces réunions choisies, où la politique est forcée de céder le pas aux dissertations sur le goût, qu'attend-on? que désire-t-on? que voit-on au second service? une dinde truffée!...

INFLUENCE FINANCIÈRE DU DINDON. — L'importation des dindons est devenue la cause d'une addition importante à la fortune publique, et donne lieu à un commerce assez considérable.

Dans cet article purement financier, les dindes truffées demandent une attention particulière.

J'ai quelque raison de croire que, depuis le commencement de novembre jusqu'à la fin de février, il se consomme à Paris trois cents dindes truffées par jour, en tout trente-six mille dindes; calculez!

Brillat-Savarin écrivait cela en 1825; aujourd'hui, le nombre est au moins triplé.

§ V. **DU GIBIER.** — On entend par gibier les animaux bons à manger qui vivent dans les bois et les campagnes, dans l'état de liberté naturelle.

Nous disons *bons à manger*, parce que quelques-uns

de ces animaux ne sont pas compris sous la dénomination de gibier. Tels sont les renards, blaireaux, corbeaux, pies, chats-huants et autres : on les appelle *bêtes puante*.

Nous divisons le gibier en trois séries :

La première commence à la grive et contient, en descendant, tous les oiseaux de moindre volume, appelés petits oiseaux.

La seconde commence en remontant au râle de genêt, à la perdrix, au faisan, au lapin et au lièvre ; c'est le gibier proprement dit : gibier de terre et gibier de marais ; gibier de poil, gibier de plume.

La troisième est plus connue sous le nom de venaison ; elle se compose du sanglier, du chevreuil et de tous les autres animaux fissipèdes.

Le gibier fait les délices de nos tables ; c'est une nourriture saine, chaude, savoureuse, de haut goût et facile à digérer toutes les fois que l'individu est jeune.

Sous les ordres d'un chef instruit, le gibier subit un grand nombre de modifications et transformations savantes, et fournit la plupart des mets de haute saveur qui constituent la cuisine transcendante.

Le gibier tire aussi une grande partie de son prix de la nature du sol où il se nourrit : le goût d'une perdrix rouge du Périgord n'est pas le même que celui d'une perdrix rouge de Sologne, et quand le lièvre tué dans les plaines des environs de Paris ne paraît qu'un plat assez insignifiant, un levraut né sur les côteaux brûlés du Valromay ou du haut Dauphiné est peut-être le plus parfumé de tous les quadrupèdes.

Parmi les petits oiseaux, le premier, par ordre d'excellence, est sans contredit le becfigue.

Il s'engraisse au moins autant que le rouge-gorge ou l'ortolan, et la nature lui a donné en outre une amertume légère et un parfum unique si exquis, qu'ils engagent, remplissent et béatifient toutes les puissances dégustatrices. Si un becfigue était de la grosseur d'un faisan, on le payerait certainement à l'égal d'un arpent de terre.

C'est grand dommage que cet oiseau privilégié se voie si rarement à Paris : il en arrive à la vérité quelques-uns, mais il leur manque la graisse qui fait tout leur mérite, et on peut dire qu'ils ressemblent à peine à ceux qu'on voit dans les départements de l'est ou du midi de la France (1)

Peu de gens savent manger les petits oiseaux ; en voici la méthode telle qu'elle m'a été confidentiellement transmise par le chanoine Charcot, gourmand par état et gastronome parfait, trente ans avant que le nom fut connu.

Prenez par le bec un petit oiseau bien gras, saupoudrez-le d'un peu de sel, ôtez-en le gésier, enfoncez-le adroitement dans votre bouche, mordez et tranchez tout près de vos doigts, et mâchez vivement : il en résulte un suc assez abondant pour envelopper tout l'organe, et vous goûterez un plaisir inconnu au vulgaire.

> Odi profanum vulgus, et arceo.   HORACE.

La caille est, parmi le gibier proprement dit, ce qu'il y a de plus mignon et de plus aimable. Une caille bien grasse plaît également par son goût, sa forme et sa couleur. On fait acte d'ignorance toutes les fois qu'on la sert autrement que rôtie ou en papillottes, parce que son parfum est très-fugace ; et toutes les fois que l'animal est en contact avec un liquide, il se dissout, s'évapore et se perd.

La bécasse est encore un oiseau très-distingué, mais peu de gens en connaissent tous les charmes. Une bécasse n'est dans toute sa gloire que quand elle a été rôtie sous les yeux d'un chasseur, et surtout du chasseur qui l'a tuée ; alors la rôtie est confectionnée suivant les règles voulues, et la bouche s'inonde de délices.

---

(1) J'ai entendu parler à Belley, dans ma jeunesse, du jésuite Fabi, né dans ce diocèse, et du goût particulier qu'il avait pour les becfigues.

Dès qu'on en entendait crier, on disait : « Voilà les becfigues, le père Fabi est en route. » Effectivement, il ne manquait jamais d'arriver le 1er septembre avec un ami : ils venaient s'en régaler pendant tout le passage ; chacun se faisait un plaisir de les inviter, et ils partaient vers le 25.

Tant qu'il fut en France, il ne manqua jamais de faire son voyage ornithologique, et ne l'interrompit que quand il fut envoyé à Rome, où il mourut pénitencier en 1688.

Le père Fabi (Honoré) était un homme de grand savoir ; il a fait divers ouvrages de théologie et de physique, dans l'un desquels il cherche à prouver qu'il avait découvert la circulation du sang avant ou du moins aussitôt qu'Harvey.

Au-dessus des précédents et même de tous, devrait se placer le faisan ; mais peu de mortels savent le présenter à point.

Un faisan mangé dans la première huitaine de sa mort ne vaut ni une perdrix ni un poulet, car son mérite consiste dans son arôme.

La science a considéré l'expansion de cet arôme, l'expérience l'a mis en action, et un faisan saisi pour son infocation est un morceau digne des gourmands les plus exaltés.

Un faisan aux truffes est moins bon qu'on ne pourrait le croire : l'oiseau est trop sec pour oindre le tubercule ; et d'ailleurs le fumet de l'un et le parfum de l'autre se neutralisent en s'unissant, ou plutôt ne se conviennent pas.

§ VI. DU POISSON. — Le poisson, moins nourrissant que la chair, plus succulent que les végétaux, est un *mezzo termine* qui convient à presque tous les tempéraments, et qu'on peut permettre aux convalescents.

Les Grecs et les Romains, quoique moins avancés que nous dans l'art d'assaisonner le poisson, n'en faisaient pas moins très-grand cas, et poussaient la délicatesse jusqu'à pouvoir deviner au goût en quelles eaux ils avaient été pris.

Ils en conservaient dans les viviers ; et on connaît la cruauté de Vadius Pollion, qui nourrissait des murènes avec les corps des esclaves qu'il faisait mourir : cruauté que l'empereur Domitien désapprouva hautement, mais qu'il aurait dû punir.

Un grand débat s'est élevé sur la question de savoir lequel doit l'emporter, du poisson de mer ou du poisson d'eau douce. *Adhuc sub judice lis est!* Il n'y a pas d'échelle pour estimer si un cabillaud, une sole ou un turbot valent mieux qu'une truite saumonnée, un brochet du haut bord, ou même une tanche de six ou sept livres.

Il est bien convenu que le poisson est beaucoup moins nourrissant que la viande, soit parce qu'il ne contient point d'osmazôme, soit parce qu'étant bien plus léger en poids, sous le même volume il contient moins de matière. Le coquillage, et spécialement les huîtres, fournissent peu de substance nutritive ; c'est ce qui fait qu'on en peut manger beaucoup sans nuire au repas qui suit immédiatement.

Muria. — Garum. — Les anciens tiraient du poisson deux assaisonnements de très-haut goût, le *muria* et le *garum*.

Le premier n'était que la saumure du thon, ou, pour parler plus exactement, la substance liquide que le mélange du sel faisait découler de ce poison.

Le *garum*, qui était plus cher, nous est beaucoup moins connu. On croit qu'on le tirait par expression des entrailles marinées du scombre ou maquereau ; mais alors rien ne rendrait raison de ce haut prix, Il y a lieu de croire que c'était une sauce étrangère ; et peut-être n'était-ce autre chose que le *soy* qui nous vient de l'Inde, et qu'on sait être le résultat de poissons fermentés avec des champignons. .

Je laisse de côté maintes autres spécialités d'un usage moins répandu et d'un intérêt moins général, et je passe au curieux chapitre connu sous le titre d'*Éprouvettes gastronomiques*, qui contient des menus assez précieux.

ÉPROUVETTES GASTRONOMIQUES.

Nous entendons par *éprouvettes gastronomiques* des mets d'une saveur reconnue et d'une excellence tellement indisputable, que leur apparition seule doit émouvoir, chez un homme bien organisé, toutes les puissances dégustatrices ; de sorte que tous ceux chez lesquels, en pareil cas, on n'aperçoit ni l'éclair du désir ni la radiance de l'extase, peuvent justement être notés comme indignes des honneurs de la séance et des plaisirs qui y sont attachés.

La méthode des éprouvettes, dûment examinée et délibérée en grand conseil, a été inscrite au livre d'or dans les termes suivants, pris d'une langue qui ne change plus :

Utcumque ferculum eximii et benè noti saporis appositum fuerit, fiat autopsia convivæ, et nisi facies ejus ac oculi vertantur ad extasim, notetur ut indignus.

Ce qui a été traduit comme il suit par le traducteur juré du grand conseil :

« Toutes les fois qu'on servira un mets d'une saveur

» distinguée et bien connue, on observera attentivement
» les convives, et on notera comme indignes tous ceux
» dont la physionomie n'annoncera pas le ravissement. »

La force des éprouvettes est relative, et doit être appropriée aux facultés et aux habitudes des diverses classes de la société. Toutes circonstances appréciées, elle doit être calculée pour causer admiration et surprise : c'est un dynamomètre dont la force doit augmenter à mesure qu'on monte dans les hautes zones de la société. Ainsi, l'éprouvette destinée à un petit rentier de la rue Coquenard ne fonctionnerait déjà plus chez un second commis, et ne s'apercevrait même pas à un dîner d'élus (*select few*) chez un financier ou un ministre.

Première Série.

Nous allons maintenant donner l'état des mets que nous avons jugés propres à servir d'éprouvettes ; nous les avons divisés en trois séries d'ascension graduelle, suivant l'ordre et la méthode ci-devant indiqués.

REVENU PRÉSUMÉ : 5,000 fr. (MÉDIOCRITÉ.) Une forte rouelle de veau piquée de gros lard et cuite dans son jus ;

Un dindon de ferme farci de marrons de Lyon ;

Des pigeons de volière gras, bardés et cuits à propos ;

Des œufs à la neige ;

Un plat de choucroûte (*sauer-kraut*) hérissé de saucisses et couronné de lard fumé de Strasbourg.

EXPRESSION : « Peste ! voilà qui a bonne mine : allons,
» il faut y faire honneur !... »

Deuxième Série.

REVENU PRÉSUMÉ : 15,000 fr. (AISANCE.) Un filet de bœuf à cœur rose piqué, et cuit dans son jus ;

Un quartier de chevreuil, sauce hachée aux cornichons ;

Un turbot au naturel ;

Un gigot de présalé à la provençale ;

Un dindon truffé ;

Des petits pois en primeur.

EXPRESSION : « Ah ! mon ami, quelle aimable appari-
» tion ! il y a vraiment nopces (1) et festins. »

---

(1) Pour que cette phrase soit convenablement articulée, il faut faire sentir le *p*.

Troisième Série.

REVENU PRÉSUMÉ : 30,000 fr. ET PLUS (RICHESSE.)
Une pièce de volaille de sept livres, bourrée de truffes du Périgord jusqu'à sa conversion en sphéroïde;

Un énorme pâté de foie gras de Strasbourg, ayant forme de bastion;

Une grosse carpe du Rhin à la Chambord, richement dotée et parée;

Des cailles truffées à la moelle, étendues sur des toasts beurrés au basilic;

Un brochet de rivière piqué, farci et baigné d'une crème d'écrevisses, *secundum artem;*

Un faisan à son point, piqué en toupet, gisant sur une rôtie travaillée à la sainte-alliance;

Cent asperges de cinq à six lignes de diamètre, en primeur, sauce à l'osmazôme;

Deux douzaines d'ortolans à la provençale, comme il est dit dans le *Secrétaire et le Cuisinier.*

Une pyramide de meringues à la vanille et à la rose. (Cette éprouvette n'a d'effet nécessaire que sur les dames et sur les hommes à mollets d'abbés, etc.)

EXPRESSION : « Ah! monsieur ou monseigneur, que » votre cuisinier est un homme admirable! on ne ren- » contre ces choses-là que chez vous! »

OBSERVATION GÉNÉRALE. Pour qu'une éprouvette produise certainement son effet, il est nécessaire qu'elle soit comparativement en large proportion : l'expérience, fondée sur la connaissance du genre humain, nous a appris que la rareté la plus savoureuse perd son influence quand elle n'est pas en proportion exubérante; car le premier mouvement qu'elle imprime aux convives est justement arrêté par la crainte qu'ils peuvent avoir d'être mesquinement servis, ou d'être, dans certaines positions, obligés de refuser par politesse; ce qui arrive souvent chez les avares fastueux.

J'ai eu plusieurs fois occasion de vérifier l'effet des éprouvettes gastronomiques, j'en rapporte un exemple qui suffira :

J'assistais à un dîner de gourmands de la quatrième catégorie, où nous ne nous trouvions que deux profanes mon ami J... R... et moi.

Après un premier service de haute distinction, on servit entre autres choses un énorme coq vierge (1) de Barbezieux, truffé à tout rompre, et un gibraltar de foie gras de Strasbourg.

Cette apparition produisit sur l'assemblée un effet marqué, mais difficile à décrire, à peu près comme le rire silencieux indiqué par Cooper, et je vis bien qu'il y avait lieu à observation.

Effectivement toutes les conversations cessèrent par la plénitude des cœurs ; toutes les attentions se fixèrent sur l'adresse des protecteurs ; et quand les assiettes de distribution eurent passé, je vis se succéder tour à tour, sur toutes les physionomies, le feu du désir, l'extase de la jouissance, le repos parfait de la béatitude.

La méditation qui suit, et qui, en traitant du plaisir de la table, donne des indications générales sur les parties accessoires du service, complétera et terminera ces citations de Brillat-Savarin. Pour le surplus, il nous suffira de renvoyer les lectrices au livre lui-même ; elles y trouveront, sous les formes les plus piquantes et les plus agréables, leur instruction complète sur l'art de manger et de bien traiter des convives.

Origine du plaisir de la table. — Les réunions, bornées d'abord aux relations les plus proches, se sont étendues peu à peu à celles de voisinage et d'amitié.

Plus tard, et quand le genre humain se fut étendu, le voyageur vint fatigué s'asseoir à ces repas primitifs, et raconta ce qui se passait dans les contrées lointaines. Ainsi naquit l'hospitalité, avec ses droits réputés sacrés chez tous les peuples ; car il n'en est aucun si féroce qu'il ne se fît un devoir de respecter les jours de celui

---

(1) Des hommes dont l'avis peut faire doctrine, m'ont assuré que la chair de coq vierge est, sinon plus tendre, du moins certainement de plus haut goût que celle du chapon. J'ai trop d'affaires en ce bas monde pour faire cette expérience, que je délègue à mes lecteurs ; mais je crois qu'on peut d'avance se ranger à cet avis, parce qu'il y a dans la première de ces chairs un élément de sapidité qui manque dans la seconde.

avec qui il avait consenti de partager le pain et le sel.

C'est pendant le repas que durent naître ou se perfectionner les langues, soit parce que c'était une occasion de rassemblement toujours renaissante, soit parce que le loisir qui accompagne et suit le repas dispose naturellement à la confiance et à la loquacité.

DIFFÉRENCE ENTRE LE PLAISIR DE MANGER ET LE PLAISIR DE LA TABLE. — Le plaisir de manger exige, sinon la faim, au moins de l'appétit; le plaisir de la table est le plus souvent indépendant de l'un et de l'autre.

Ces deux états peuvent toujours s'observer dans nos festins.

Au premier service et en commençant la session, chacun mange avidement, sans parler, sans faire attention à ce qui peut être dit; et quel que soit le rang qu'on occupe dans la société, on oublie tout pour n'être qu'un ouvrier de la grande manufacture. Mais quand le besoin commence à être satisfait, la réflexion naît, la conversation s'engage, un autre ordre de choses commence; et celui qui jusque-là n'était que consommateur, devient convive plus ou moins aimable, suivant que le maître de toutes choses lui en a dispensé les moyens.

ACCESSOIRES INDUSTRIELS. — Des poètes se plaignirent de ce que le cou étant trop court s'opposait à la durée du plaisir de la dégustation; d'autres déploraient le peu de capacité de l'estomac; et on en vint jusqu'à délivrer ce viscère du soin de digérer un premier repas, pour se donner le plaisir d'en avaler un second.

Ce fut là l'effort suprême tenté pour amplifier les jouissances du goût; mais si, de ce côté, on ne put pas franchir les bornes posées par la nature, on se jeta dans les accessoires, qui du moins offraient plus de latitude.

On orna de fleurs les vases et les coupes, on en couronna les convives; on mangea sous la voûte du ciel, dans les jardins, dans les bosquets, en présence de toutes les merveilles de la nature.

Au plaisir de la table, on joignit les charmes de la musique et le son des instruments. Ainsi, pendant que la cour du roi des Phéaciens se régalait, le chantre Phémius célébrait les faits et les guerriers des temps passés.

Souvent des danseurs, des bateleurs et des mimes des deux sexes et de tous les costumes venaient occuper les yeux sans nuire aux jouissances du goût; les parfums ſes plus exquis se répandaient dans les airs, de sorte que tous les sens étaient appelés à une jouissance devenue universelle.

DIX-HUITIÈME ET DIX-NEUVIÈME SIÈCLE. — Nous avons adopté, plus ou moins, suivant les circonstances, ces divers moyens de béatification, et nous y avons joint encore ceux que les découvertes nouvelles nous ont révélés.

Sans doute la délicatesse de nos mœurs ne pouvait pas laisser subsister les vomitoires des Romains ; mais nous avons mieux fait, et nous sommes parvenus au même but par une voie avouée par le bon goût.

On a inventé des mets tellement attrayants, qu'ils font renaître sans cesse l'appétit ; ils sont en même temps si légers, qu'ils flattent le palais sans presque surcharger l'estomac. Sénèque aurait dit : *nubes esculentas.*

Nous sommes donc parvenus à une telle progression alimentaire que, si la nécessité des affaires ne nous forçait pas à nous lever de table, ou si le besoin du sommeil ne venait pas s'interposer, la durée des repas serait à peu près indéfinie, et on n'aurait aucune donnée certaine pour déterminer le temps qui pourrait s'écouler depuis le premier coup de madère jusqu'au dernier verre de punch.

J'ai souvent désiré avoir assisté au repas frugal qu'Horace destinait au voisin qu'il aurait invité, ou à l'hôte que le mauvais temps aurait contraint à chercher un abri auprès de lui ; savoir : un bon poulet, un chevreau (sans doute bien gras), et pour dessert, des raisins, des figues et des noix. En y joignant du vin récolté sous le consulat de Manlius (*nata mecum consule Manlio*), et la conversation de ce poëte voluptueux, il me semble que j'aurais soupé de la manière la plus confortable.

> At mihi cùm longum post tempus venerat hospes,
> Sive operum vacuo longum conviva per imbrem.
> Vicinus, benè erat, non piscibus urbe petitis,
> Sed pullo atque hædo, tum (1) pensilis uva secundas
> Et nux ornabat mensas, cum duplice ficu.

C'est encore ainsi qu'hier ou demain trois paires d'a-

---

(1) Le dessert se trouve précisément désigné et distingué par l'adverbe *tum* et par les mots *secundas mensas.*

mis se seront régalés du gigot à l'eau et du rognon de Pontoise, arrosés d'orléans et de médoc bien limpides ; et qu'ayant fini la soirée dans une causerie pleine d'abandon et de charmes, ils auront totalement oublié qu'il existe des mets plus fins et des cuisiniers plus savants.

Au contraire, quelque recherchée que soit la bonne chère, quelque somptueux que soient les accessoires, il n'y a pas plaisir de table si le vin est mauvais, les convives ramassés sans choix, les physionomies tristes, et le repas consommé avec précipitation.

ESQUISSE. Mais, dira peut-être le lecteur impatienté, comment donc doit être fait, en l'an de grâce 1825, un repas, pour réunir toutes les conditions qui procurent au suprême degré le plaisir de la table?

Je vais répondre à cette question. Recueillez-vous, lecteurs, et prêtez attention : c'est Gastera, c'est la plus jolie des muses qui m'inspire ; je serai plus clair qu'un oracle, et mes préceptes traverseront les siècles.

« Que le nombre des convives n'excède pas douze, afin que la conversation puisse être constamment générale ;

» Qu'ils soient tellement choisis, que leurs occupations soient variées, leurs goûts analogues, et avec de tels points de contact qu'on ne soit point obligé d'avoir recours à l'odieuse formalité des présentations;

» Que la salle à manger soit éclairée avec luxe, le couvert d'une propreté remarquable, et l'atmosphère à la température de treize à seize degrés au thermomètre de Réaumur ;

» Que les hommes soient spirituels sans prétention, et les femmes aimables sans être trop coquettes (1) ;

» Que les mets soient d'un choix exquis, mais en nombre resserré ; et les vins de première qualité, chacun dans son degré ;

» Que la progression, pour les premiers, soit des plus substantiels aux plus légers ; et pour les seconds, des plus lampants aux plus parfumés ;

» Que le mouvement de consommation soit modéré, le dîner étant la dernière affaire de la journée ; et que les

---

(1) J'écris à Paris, entre le Palais-Royal et la Chaussée-d'Antin.

convives se tiennent comme des voyageurs qui doivent arriver ensemble au même but;

» Que le café soit brûlant, et les liqueurs spécialement de choix de maître;

» Que le salon qui doit recevoir les convives soit assez spacieux pour organiser une partie de jeu pour ceux qui ne peuvent pas s'en passer, et pour qu'il reste cependant assez d'espace pour les colloques post-méridiens;

» Que les convives soient retenus par les agréments de la société et ranimés par l'espoir que la soirée ne se passera pas sans quelque jouissance ultérieure;

» Que le thé ne soit pas trop chargé; que les rôties soient artistement beurrées, et le punch fait avec soin;

» Que la retraite ne commence pas avant onze heures, mais qu'à minuit tout le monde soit couché. »

J'ai dit que le plaisir de la table, tel que je l'ai caractérisé, était susceptible d'une assez longue durée; je vais le prouver en donnant la relation véridique et circonstanciée du plus long repas que j'aie fait en ma vie.

J'avais, au fond de la rue du Bac, une famille de parents, composée comme il suit : le docteur, soixante-dix-huit ans; le capitaine, soixante-seize ans; leur sœur Jeannette, soixante-quatorze. Je les allais voir quelquefois, et ils me recevaient toujours avec beaucoup d'amitié.

« Parbleu ! me dit un jour le docteur Dubois en se le-
» vant sur la pointe des pieds pour me frapper sur l'é-
» paule, il y a longtemps que tu nous vantes tes *fondues*
» (œufs brouillés au fromage), tu ne cesses de nous en
» faire venir l'eau à la bouche; il est temps que cela fi-
» nisse. Nous irons un jour déjeuner chez toi, le capitaine
» et moi, et nous verrons ce que c'est. » (C'est, je crois,
vers 1801, qu'il me faisait cette agacerie.) « Très volon-
» tiers, lui répondis-je, et vous l'aurez dans toute sa gloi-
» re, car c'est moi qui la ferai. Votre proposition me
» rend tout à fait heureux. Ainsi, à demain dix heures,
» heure militaire (1). »

----

(1) Toutes les fois qu'un rendez-vous est annoncé ainsi, on doit servir à l'heure sonnante : les retardataires sont réputés déserteurs.

Au temps indiqué, je vis arriver mes deux convives, rasés de frais, bien peignés, bien poudrés; deux petits vieillards encore bien verts et bien portants.

Ils sourirent de plaisir quand ils virent la table prête, du linge blanc, trois couverts mis, et à chaque place deux douzaines d'huîtres, avec un citron luisant et doré.

Aux deux bouts de la table s'élevait une bouteille de vin de Sauterne, soigneusement essuyée, fors le bouchon, qui indiquait d'une manière certaine qu'il y avait longtemps que le tirage avait eu lieu.

Hélas! j'ai vu disparaître, ou à peu près, ces déjeuners d'huîtres, autrefois si fréquents et si gais, où on les avalait par milliers; ils ont disparu avec les abbés, qui n'en mangeaient jamais moins d'une grosse, et les chevaliers, qui n'en finissaient plus. Je les regrette, mais en philosophe : si le temps modifie les gouvernements, quels droits n'a-t-il pas sur de simples usages !

Après les huîtres, qui furent trouvées très-fraîches, on servit des rognons à la brochette, une caisse de foie gras aux truffes et enfin la fondue.

On avait rassemblé les éléments dans une casserole, qu'on apporta sur la table avec un réchaud à l'esprit de vin. Je fonctionnai sur le champ de bataille, et les cousins ne perdirent pas un de mes mouvements.

Ils se récrièrent sur les charmes de cette préparation.

Après la fondue vinrent les fruits de la saison et les confitures, une tasse de vrai moka fait *à la Dubelloy*, dont la méthode commençait à se propager, et enfin deux espèces de liqueurs, un esprit pour déterger, et une huile pour adoucir.

Le déjeuner bien fini, je proposai à mes convives de prendre un peu d'exercice, et pour cela de faire le tour de mon appartement, appartement qui est loin d'être élégant, mais qui est vaste, comfortable.

Je leur montrai l'argile originale du buste de ma jolie cousine, Mme Récamier, par Chinard, et son portrait en miniature, par Augustin; ils en furent si ravis, que le docteur, avec ses grosses lèvres, baisa le portrait.

Je leur montrai ensuite quelques plâtres des meilleurs sculpteurs antiques, des peintures qui ne sont pas sans mérite, mes fusils, mes instruments de musique, et quelques belles éditions tant françaises qu'étrangères.

Dans ce voyage polimatique, ils n'oublièrent pas ma

cuisine. Je leur fis voir mon pot-au-feu économique, ma coquille à rôtir, mon tournebroche à pendule et mon vaporisateur. Ils examinèrent tout avec une curiosité minutieuse, et s'étonnèrent d'autant plus que, chez eux, tout se faisait encore comme du temps de la régence.

Deux heures sonnèrent. « Peste! dit le docteur, voilà » l'heure du dîner, et ma sœur Jeannette nous attend! Il » faut aller la rejoindre. Ce n'est pas que je sente une » grande envie de manger, mais il me faut mon potage. » — Cher docteur, lui répondis-je, pourquoi aller si loin » pour trouver ce que vous avez sous la main? Je vais » envoyer quelqu'un à la cousine, pour la prévenir que » vous restez avec moi, et que vous me faites le plaisir » d'accepter un dîner pour lequel vous aurez quelque in- » dulgence, parce qu'il n'aura pas tout le mérite d'un *im-* » *promptu* fait à loisir. »

Il y eut, entre les deux frères, délibération oculaire, et ensuite consentement formel. Alors j'expédiai un *volante* pour le faubourg Saint-Germain; je dis un mot à mon maître queux, et après un intervalle tout à fait modéré, et, partie avec ses ressources, partie avec celle des restaurateurs voisins, il nous servit un petit dîner bien troussé et tout à fait appétissant.

Ce fut pour moi une grande satisfaction que de voir le sang froid et l'aplomb avec lequel mes deux amis s'assirent, s'approchèrent de la table, étalèrent leurs serviettes et se préparèrent à agir.

Ils éprouvèrent deux surprises auxquelles je n'avais pas moi-même pensé; car je leur fis servir du parmesan avec le potage et leur offris après un verre de madère sec. C'étaient deux nouveautés importées depuis peu par M. le prince de Talleyrand.

Le dîner se passa très-bien, tant dans sa partie substantielle que dans ses accessoires obligés, et mes amis y mirent autant de complaisance que de gaieté

Après le dîner, je proposai un piquet, qui fut refusé; ils préférèrent le *far niente* des Italiens, disait le capitaine; et nous nous constituâmes en petit cercle autour de la cheminée.

Je proposai le thé.

Le thé était une étrangeté pour des Français de la vieille roche; cependant il fut accepté. Je le fis en leur présence, et ils en prirent quelques tasses avec plaisir.

Une complaisance en amène une autre, et quand on est une fois engagé dans cette voie, on perd le pouvoir de refuser. Aussi c'est avec un ton presque impératif que je parlai de finir par un bowl de punch.

« Mais tu me tueras, disait le docteur. — Mais vous nous griserez, » disait le capitaine. A quoi je ne répondais qu'en demandant à grands cris des citrons, du sucre et du rhum.

Je fis donc le punch, et pendant que j'y étais occupé on exécutait des rôties (*toast*) bien minces, délicatement beurrées et salées à point.

Cette fois il y eut réclamation. Les cousins assurèrent qu'ils avaient bien assez mangé, et qu'ils n'y toucheraient pas; mais comme je connais l'attrait de cette préparation si simple, je répondis que je ne souhaitais qu'une chose, c'est qu'il y en eût assez. Effectivement, peu après le capitaine prenait la dernière tranche, et je le surpris regardant s'il n'en restait pas ou si on n'en faisait pas d'autres, ce que j'ordonnai à l'instant.

Cependant le temps avait coulé, et ma pendule marquait plus de huit heures. « Sauvons-nous, dirent mes » hôtes; il faut bien que nous allions manger une feuille » de salade avec notre pauvre sœur, qui ne nous a pas » vus de la journée. »

A cela je n'eus pas d'objection; et, fidèle aux devoirs de l'hospitalité vis-à-vis deux vieillards aussi aimables, je les accompagnai jusqu'à leur voiture, et je les vis partir.

Le lendemain matin je reçus une lettre du docteur; il avait l'attention de m'apprendre que la petite débauche de la veille ne leur avait fait aucun mal; bien au contraire, après un sommeil des plus heureux, ils s'étaient levés frais, dispos, et prêts à recommencer.

J'ai dit que j'avais fini avec les citations de Brillat-Savarin; il me semble cependant nécessaire de donner encore, d'après le maître lui-même la recette de la *fondue*, dont il vient d'être question dans le chapitre qui précède.

RECETTE DE LA FONDUE

Telle qu'elle a été extraite des papiers de **M. TROLLET**, bailli
de Mondon, au canton de Berne.

Pesez le nombre d'œufs que vous voudrez employer
d'après le nombre présumé de vos convives.

Vous prendrez ensuite un morceau de bon fromage de
Gruyère pesant le tiers, et un morceau de beurre pesant
le sixième de ce poids.

Vous casserez et battrez bien les œufs dans une casserole; après quoi vous y mettrez le beurre et le fromage
râpé ou émincé.

Posez la casserole sur un fourneau bien allumé, et
tournez avec une spatule, jusqu'à ce que le mélange soit
convenablement épaissi et mollet; mettez-y un peu ou
point de sel, suivant que le fromage sera plus ou moins
vieux, et une forte portion de poivre, qui est un des ca-
ractères positifs de ce mets antique; servez sur un plat
légèrement échauffé; faites apporter le meilleur vin,
qu'on boira rondement, et on verra merveilles.

BERCHOUX.

Si Brillat-Savarin est le grand prosateur de la
table, Berchoux en est le poète; bien qu'à mon
avis, le poète soit de beaucoup inférieur au prosateur, il n'est pas sans utilité et sans agrément de
connaître quelques uns de ses vers; ils jouissent
d'une assez grande célébrité pour qu'on tienne à
pouvoir en parler avec connaissance de cause; plusieurs même ont acquis une certaine popularité, à
ce point même qu'ils sont passés à l'état de formules
et de dictons proverbiaux. Tout le monde connaît
par exemple ce vers, si heureusement appliqué aux
luttes et aux actes du temps de l'Empire :

Qui nous délivrera des Grecs et des Romains?

Berchoux, dit-on, a écrit sur la Gastronomie sans

être ni un gastronome pratique ni un connaisseur culinaire. Causeur spirituel et plein de saillies lorsqu'il se trouvait en compagnie de fats et de pédants, il se négligeait aussitôt qu'il n'avait à faire qu'à des gens de sa couleur. Originaire de la Bresse, comme Brillat-Savarin, né en 1765, à Saint-Symphorien-en-Lay, le poète qui avait si hautement réclamé contre les monotonies des sujets de la poésie classique, est mort en 1859, dans l'horreur profonde du romantisme. Pour la clarté du style et pour la facilité des vers, il était de l'école de Voltaire. Outre son poëme *la Gastronomie*, il a écrit des notices, des épîtres, des comédies qui sont toujours restées manuscrites, un poëme sur la liberté, un grand nombre d'articles de journaux et un roman satirique, *le Philosophe de Charenton*.

Voici un fragment relatif au choix d'un cuisinier que les amateurs de tables bien servies ne sauraient trop méditer :

En formant la maison dont vous avez besoin
Au choix d'un cuisinier mettez tout votre soin.
Voilà l'homme important, le serviteur utile,
Qui fera fréquenter et chérir votre asile,
Et par qui vous verrez votre nom respecté,
Voler de bouche en bouche, à l'envi répété !
Avant qu'il soit à vous, sachez ce qu'il sait faire ;
Étudiez ses mœurs, ses goûts, son caractère ;
Faites cas de celui qui, fier de son talent,
S'estime votre égal, et d'un air important,
Auprès de son fourneau que la flamme illumine,
Donne avec dignité des lois dans sa cuisine ;
Qui dispose du sort d'un coq ou d'un dindon
Avec l'air d'un sultan qui condamne au cordon.
Sa contenance est grave, et sa mine farouche ;
Mais il aime la gloire, et l'éloge le touche.
De son art, qu'il estime, implorez le secours,
Et pour vous l'attacher tenez lui ce discours :
« Écoute, mon ami ; déjà la renommée,
» Que je n'appelle point une vaine fumée,

» M'a vanté ton mérite et conté tes exploits :
» Sois chef de ma cuisine, et donnes-y des lois.
» Deviens, dès aujourd'hui, mon arbitre, mon guide ;
» A mon plus doux besoin que ton savoir préside ;
» Ordonne en souverain, taille et tranche à ton gré ;
» Que par toi mon dîner tous les jours préparé
» Enchaîne à mon couvert, par d'aimables prestiges,
» Mes volages amis charmés de tes prodiges.
» En savourant les mets qui leur seront offerts,
» Qu'ils vantent mon esprit et mes talents divers ;
» Que j'entende admirer mes moindres réparties,
» A peine de ma bouche à la hâte sorties...
» Que je puisse toujours, après avoir dîné,
» Bénir le cuisinier que le ciel m'a donné... »
    C'est ainsi qu'excitant sa ferveur et son zèle,
Vous vous concilierez un artiste fidèle,
Qui, plein d'un noble orgueil, fera de plus en plus
Triompher dans ses mains le sceptre de Comus.
Vous allez l'éprouver. Déjà dans votre asile
Je vois les conviés arriver à la file ;
Je lis dans leurs regards le désir prononcé
De jouir du festin qui leur est annoncé.
Ils pressent par leurs yeux la cuisine tardive :
On s'y hâte pourtant ; la flamme la plus vive
Brille au sein du foyer et des fourneaux brûlants,
Où cuisent à la fois trente mets différents.
Une épaisse fumée y noircit l'atmosphère :
On respire à la ronde une odeur salutaire.
Autour du cuisinier on redouble d'ardeur ;
Des marmitons craintifs, haletants de chaleur,
S'embarrassent l'un l'autre, et suffisent à peine
Aux soins multipliés que le service entraîne :
Mais leur chef, toujours calme, et fier d'être attendu,
Ne s'inquiète point, car il a tout prévu.
    Tel on voit, au moment d'une sanglante affaire,
Un prudent général mesurer la carrière.
Son courage tranquille et sa noble fierté
Commandent l'espérance et la sécurité.
La foule l'environne et presse son armure :
D'un trouble involontaire il entend le murmure :
Peut-être un peu d'effroi s'est glissé dans son sein ;
Mais son visage est calme, et son front est serein.
Partout on l'interroge ; et pour toute réponse

Il renvoie au succès que d'avance il annonce,
Il montre l'ennemi tout prêt à reculer ;
Il indique la place où le sang doit couler.
Menacé par la foudre, il roule dans sa tête
Un plan vaste et profond, garant de sa conquête ;
Mille ordres sont donnés et reçus à l'instant ;
Chacun les exécute en aveugle instrument :
Il range autour de lui ses colonnes pressées,
Qui n'ont pas le secret de ses grandes pensées ;
Il se porte à la hâte aux postes menacés ;
Les uns sont dégarnis, les autres renforcés,
L'airain gronde, le bronze a fait trembler la terre :
Tout est couvert de feu, de sang et de poussière ;
Tout s'apaise, et bientôt du plus affreux combat,
La plus belle victoire est l'heureux résultat.

Je trouve encore dans le troisième livre un passage assez curieux et utile à consulter sur le second service et sur les conversations de table qu'il est du devoir de l'Amphytrion d'engager et de contenir :

Mes amis, si jamais Plutus, que j'importune,
M'accorde le bienfait d'une grande fortune,
Je la veux consacrer à nourrir l'amitié.
Je prétends qu'avec moi, tous les jours de moitié,
Vous ne me quittiez point ; que ma table chérie
Devienne l'heureux gage et le nœud qui nous lie.
Du nectar de Vougeot vous serez abreuvés,
Et des vins de mon crû constamment préservés.
Tous les jours mes valets et mes coursiers agiles
Feront contribuer les campagnes, les villes ;
Visiteront Genève et le lac du Bourget,
Iront jusqu'aux deux mers rechercher le rouget.
Les primeurs du printemps, avec art rassemblées,
Dans ma serre à grands frais braveront les gelées ;
Je pourrai, tous les ans, dans le sein des hivers,
En dépit des frimas, vous offrir des pois verts.
LE CUISINIER FRANÇAIS, qui n'est pas un bon livre,
Nous offre quelquefois des maximes à suivre.
J'emprunterai de lui ce refrain bien connu :
Servez chaud. Sur ce point, l'auteur m'a prévenu :
Le ragoût le plus fin que l'art puisse produire,

S'il est froid et glacé, ne saurait me séduire...
   Faites que vos amis, pleinement satisfaits,
En sortant de chez vous ne se plaignent jamais.
De leurs goûts différents apercevez la trace :
L'un préfère la cuisse, un autre la carcasse.
Offrez en général les ailes du poulet,
Le ventre de la carpe et le dos du brochet.
Observez dans vos dons une exacte justice.
Ne favorisez point, par orgueil ou caprice,
Tel homme plus puissant ou plus considéré,
Qui voudrait jouir seul d'un morceau préféré.
Ah ! si l'égalité doit régner dans le monde,
C'est autour d'une table abondante et féconde ;
Les enfants de Comus, sujets aux mêmes lois,
N'ont rien qui les distingue et sont égaux en droits.
   Sur les premiers objets d'une chère brillante
Vous avez apaisé votre faim dévorante.
La scène va changer. Des valets empressés
Enlèvent les débris que vous avez laissés.
D'un instant de repos faites un digne usage ;
Le moment est venu de parler davantage.
Partant, faites briller vos convives charmés
Par de petits discours adroitement semés,
Qui fassent ressortir les phrasss les plus sottes.
La cuisine fournit d'heureuses anecdotes.
Ajoutez quelques traits à ceux que j'ai tracés
Sur les progrès de l'art dans les siècles passés.
Citez des faits plaisants ; recherchez dans l'histoire
Des Grecs et des Romains d'éternelle mémoire.
Dites que Dentatus, qui triompha deux fois,
Dans un vase grossier faisait cuire des pois
Lorsque les envoyés d'une faible puissance
Vinrent de son crédit implorer l'assistance.
Citez, pour vous donner un air plus érudit,
La loi qui des Romains condamnait l'appétit,
Cette loi *famia*, bizarre, impolitique,
Qui ne fit qu'enhardir la débauche publique.
Racontez que dans Rome un barbot fut payé
Plus de deux cents écus : argent bien employé,
Qui fit dire à Caton, dans son triste délire,
Qu'il ne répondait plus du salut de l'empire.
Ajoutez que dans Naple un généreux tyran
Paya cent écus d'or la sauce d'un faisan.

Puisez dans Martial, dans Pétrone et Plutarque ;
Ils présentent des faits bien dignes de remarque.
Surtout si vous voulez charmer vos auditeurs,
Racontez les exploits de quelques gros mangeurs.
Confondez sur ce point la raison étonnée.
Albinus engloutit dans une matinée
De quoi rassasier vingt mortels affamés.
Phagon fut en ce genre un des plus renommés ;
Son estomac passa la mesure ordinaire :
Tel qu'un gouffre effrayant que nous cache la terre,
Il faisait disparaître, en ses rares festins,
Un porc, un sanglier, un mouton et cent pains.
    C'est ainsi que, mettant à profit la science,
Vos amis attendront avec impatience
Le service nouveau qui leur est destiné.
Il arrive : déjà le signal est donné.
Des rôtis imposants ont la première place :
Sans doute ils sont le fruit de votre heureuse chasse.
Vous pouvez expliquer par quel art assassin
Vous avez débusqué ce timide lapin ;
Comment cette perdrix, dans sa fuite imprudente,
Est tombée à vos pieds éperdue et sanglante ;
Comment a succombé ce lièvre malheureux
Malgré les vains détours de son train sinueux...
    De nombreux entremets, rangés en symétrie,
Entourent le gibier, la poularde rôtie.
Proscrivez cependant ces fastueux plateaux,
Brillants colifichets enrichis de métaux,
De glaces, de pompons, dont l'aspect m'effarouche,
Qui captivent les yeux aux dépens de la bouche,
Qui trompent l'appétit : moins d'éclat, plus de mets :
On ne se nourrit point de bijoux, de hochets ;
A ce vain appareil, qui d'abord vous enchante,
Je ne reconnais point une table abondante.
    Vous touchez au moment des plaisirs les plus vifs.
A cet acte nouveau les gourmands attentifs,
Avec l'œil de l'envie, ont dévoré d'avance
La caille, l'ortolan, la carpe, la laitance,
Et le cochon de lait, dont la cuirasse d'or
Semble le protéger et le défendre encor.
    Proscrivez sans pitié ces poulets domestiques
Nourris en votre cour et constamment étiques,
Toujours mal engraissés par des soins ignorants ;

Ne connaissez que ceux de la Bresse ou du Mans.
J'ai toujours redouté la volaille perfide
Que brave les efforts d'une dent intrépide.
Souvent, par un ami dans les champs entraîné,
J'ai reconnu le soir le coq infortuné
Qui m'avait le matin, à l'aurore naissante,
Réveillé brusquement de sa voix glapissante ;
Je l'avais admiré dans le sein de la cour ;

. . . .
. . . .
. . . .

    Défendez que personne, au milieu d'un banquet,
Ne nous vienne donner un avis indiscret.
Ecartez ce fâcheux qui vers vous s'achemine :
Rien ne doit déranger l'honnête homme qui dîne.
Et qu'importe le monde et ses tracas divers !
Dans les bras de Comus oubliez l'univers.

Voici encore quelques vers que j'emprunte au quatrième chant, le dessert; ils contiennent sous une forme agréable des indications utiles pour les soirées :

. . . .
. . . .

    Le dessert est servi : quel brillant étalage !
On a senti de loin cet énorme fromage
Qui doit tout son mérite aux outrages du temps...
. . . .
. . . .

    Un service élégant, d'une ordonnance exacte,
Doit de votre repas marquer le dernier acte.
Au secours du dessert appelez tous les arts,
Surtout celui qui brille au quartier des Lombards.
Là, vous pourrez trouver, au gré de vos caprices,
Des sucres arrangés en galants édifices ;
Des châteaux de bonbons, des palais de biscuits,
Le Louvre, Bagatelle et Versailles confits ;

. . . .

Les noces de Gamache et les travaux d'Hercule ;
Et mille objets divers, que savent imiter
D'habiles confiseurs que je pourrais citer.
Ne démolissez point ces merveilles sucrées,

Pour le charme des yeux seulement prépaiées ;
Ou du moins accordez, pour jouir plus longtemps,
Quelques jours d'existence à ces doux monuments :
Assez d'autres objets, dignes de votre hommage,
Avec moins d'appareil vous plairont davantage.
Ah ! plutôt attaquez et savourez ces fruits
Qu'un art officieux en compote a réduits.
À la grâce, à l'éclat sacrifiez encore ;
Aux trésors de Pomone ajoutez ceux de Flore ;
Que la rose, l'œillet, le lis et le jasmin,
Fassent de vos desserts un aimable jardin
Et que l'observateur de la belle nature
S'extasie en voyant des fleurs en confiture.

Vous avez satisfaits à vos nombreux désirs ;
Mais Bacchus vous attend pour combler vos plaisirs.
Approche, bienfaiteur et conquérant de l'Inde,
Tu m'inspireras mieux que les filles du Pinde ;
Verse-moi ton nectar, dont les dieux sont jaloux,
Et mes vers vont couler plus faciles, plus doux.
De ces vases nombreux que l'aspect m'intéresse !
Oh ! Quel luxe enchanteur ! quelle aimable richesse !
Vos convives déjà, dans un juste embarras,
Vous adressent leurs vœux et vous tendent les bras.
Venez à leur secours ; offrez-leur à la ronde
La liqueur qui vous vient des bords de la Gironde,
Le vin de Malvoisie et celui de Palma,
Le champagne mousseux, le christi-lacryma,
Le chypre, l'albano, le clairet, le constance...
Choisissez les toujours au lieu de leur naissance.
N'allez pas rechercher aux faubourgs de Paris
Du vin de Rivesalte ou de Cante-Perdrix ;
Et ne vous fiez pas à l'art des empiriques,
Qui souillent vos boissons de mélanges chimiques.

Donnez-vous en buvant des airs de connaisseur ;
Dites que ce bordeaux aurait plus de saveur
S'il avait visité quelques plages lointaines,
Et que ce malaga qui coule dans vos veines,
Usé par la vieillesse, a perdu sa vertu ;
Qu'il serait sans égal s'il avait moins vécu.

GRIMOD DE LA REYNIÈRE.

Celui-ci, par exemple, était bien un vrai gastronome. Né en 1758, mort en 1838, par conséquent contemporain de Berchoux, il s'est moins préoccupé d'écrire que du soin de bien manger. La plus grande partie de son esprit, qui était fin, délicat, comme son goût, et souvent assaisonné de saillies, s'en est allée en improvisations qui avaient surtout le mérite de l'actualité et en charmantes causeries. Après la mort de Geoffroy, le célèbre critique, il a travaillé pendant quelques mois au *Journal des Débats*. Son œuvre se compose de huit volumes de l'*Almanach du Gourmand*, qu'il a publié de 1803 à 1812. Dans sa jeunesse, il avait été reçu à Ferney, et avait entretenu des relations amicales avec Voltaire. M. de la Reynière, dit M. Fayot, est la dernière lueur qu'ait jetée l'ancienne école.

Citons quelques uns des fragments de son *Calendrier du Gourmand*, qui font vraiment autorité en matière de littérature.

Lisez, par exemple, les passages relatifs à l'Amphytrion et au Dîner; les principes gourmands et quelques maximes détachées :

AMPHITRYON. — Pour un homme riche, le plus beau rôle en ce monde est celui d'amphitryon. Mais l'argent seul ne suffit pas pour avoir une bonne table. Il faut des soins, des connaissances et des études dans toutes les parties de l'art alimentaire, et il est plus aisé de gagner rapidement une immense fortune que de savoir s'en faire honneur. Il faut de plus, avec les connaissances techniques, celle des hommes et une bonne éducation.

Qui ne se connaît pas personnellement dans le grand art de faire bonne chère, est forcé de s'en rapporter à ses domestiques pour sa cuisine et pour sa cave ; d'où sûrement mauvais service et mauvaise chère. Le véritable amphitryon possède donc une délicatesse extrême dans le palais, pour pouvoir se livrer à une savante dégustation des vins ; il surveille avec des soins infinis le choix des aliments ; il est doué de qualités morales éminentes qui le mettent à même de rassembler des convives aimables et bien assortis. — Et nous autres conviés, sentons comme il le faut la reconnaissance et l'admiration pour un pareil homme. Un bon dîner étant l'une des plus grandes jouissances de la vie humaine, aimons et honorons celui qui nous le donne, en prenant tant de peine pour faire manger son bien ; payons notre écot en joyeux propos, en saillies aimables, en couplets érotiques, en fines réparties, en historiettes amusantes et courtes, courtes surtout. Enfin, travaillons à la gloire des amphitryons pour en augmenter le nombre et multiplier nos plaisirs.

DU DINER. — La révolution française n'a pas été seulement une révolution politique, elle a changé toutes nos habitudes. L'art alimentaire, comme les autres, en a ressenti l'influence : nos quatre repas (déjeuner, dîner, goûter et souper) ont été réduits à deux, le déjeuner et le dîner ; de ces deux même, le dîner est le seul sérieux.

Le dîner est l'action la plus intéressante de chaque jour, celle dont on s'acquitte avec le plus d'empressement et de plaisir. Une coquette renoncerait plutôt à plaire, un poëte à être loué, un Gascon à être cru sur parole, un comédien à être applaudi, un riche midas à être encensé, que les sept huitièmes des mortels à faire un bon repas.

Le dîner se sert vers six heures. — Jugez de son importance : si quelque événement imprévu, quelque accident de force majeure le recule seulement d'une heure, voyez comme toutes les mines des convives s'allongent, comme la conversation la plus animée languit tout à coup, comme les visages se rembrunissent, comme tous les yeux se tournent machinalement vers la salle à manger. — L'obstacle cesse-t-il, le maître-d'hôtel vient-il annoncer que l'on a servi, ce seul mot fait l'effet d'un talisman ; c'est une parole magique qui rend à chacun sa sérénité, sa gaîté et son esprit.

On s'assied, et le silence, d'abord général, atteste la force et l'universalité des sensations. Un potage brûlant donne le signal de l'action ; une tranche artistement coupée de la culotte tremblante d'un bœuf gras lui succède entourée de quelques légumes : telle est la base du dîner.

Pendant ce temps, les hors-d'œuvre stimulants disparaissent, et les entrées, qui se mangent après le bouilli, donnent le temps de couper les relevés qui ont remplacé le potage.

L'officier chargé de ce soin se pénètre du juste sentiment de son importance : il découpe selon les règles de l'art, et les morceaux ainsi divisés paraissent dans toute leur splendeur. Le repas s'accomplit de la sorte avec ordre, aucune partie du service ne languit; une bouteille de vin ordinaire le mieux choisi permet à chaque convive d'apaiser agréablement sa soif et d'exciter son estomac.

Cependant le rôti paraît, son fumet délicieux aiguillonne les appétits et les prépare à de nouvelles jouissances. C'est alors que les vins d'entremets circulent et que les langues se délient. Le vin de Bourgogne, celui de Bordeaux, et surtout le pétillant Aï, font éclater à la ronde les propos joyeux, les bons mots et les traits délicats : c'est le moment des déclarations et des demi-confidences. Les entremets marchent avec le rôti, ou paraissent séparément à sa suite. Dans ce cas, un énorme pâté venu de Strasbourg, de Toulouse ou de Périgueux, occupe gravement le centre de la table. Des entremets dans lesquels le cuisinier a épuisé toutes les ressources de son génie, lui servent d'acolytes, et les extrémités de la table réservées aux petits-fours, aux crèmes, aux friandises, attirent la principale attention des enfants et des dames.

Le dessert est la partie brillante, celle qui demande la réunion d'une foule de talents agréables : un bon officier doit être tout à la fois glacier, confiseur, décorateur, peintre, architecte, sculpteur et fleuriste. Dans les repas d'apparat, ces talents se développent de la manière la plus étonnante; dans certaines fêtes, le dessert seul s'est élevé à plus de dix mille écus. Mais, comme ce service parle plus aux yeux qu'aux autres sens, le véritable et fidèle gourmand se contente de l'admirer. — Les glaces font partie du dessert; mais c'est encore un art à part, et les habiles glaciers sont presque aussi rares que les bons rôtisseurs.

V. Principes gourmands. Un gourmand vraiment digne de ce nom mange toujours sa soupe bouillante et prend son café brûlant. — La plus grande peine que l'on puisse faire à un gourmand, c'est de l'interrompre dans l'exercice de ses mâchoires : rendre visite à des gens qui mangent est donc un manque d'usage et de savoir-vivre; c'est les empêcher de raisonner leurs morceaux, et leur causer des distractions fâcheuses.

— Un véritable gourmand ne se fait jamais attendre.

— Le vin du crû, un dîner d ami et de la musique d'amateurs sont trois choses également à craindre.

— La méthode de servir plat à plat est le raffinement de l'art de bien vivre. C'est le moyen de manger chaud, longtemps et beaucoup, chaque plat étant alors un centre unique auquel viennent aboutir tous les appétits.

— Il est essentiel qu'une salle à manger soit échauffée dans toutes ses parties. Un poêle remplit assez bien cette condition.

— Il n'est pas moins nécessaire d'avoir les pieds chauds tandis qu'on mange. Des boules d'étain remplies d'eau à 60 nous paraissent le plus sûr moyen d'entretenir cette partie du corps, qui influe si puissamment par sa température sur les organes de le digestion.

— Que la table soit parfaitement éclairée, sans embarras pour le service et sans danger pour les sauces.

— La principale occupation d'un maître de maison à table est de surveiller l'état de l'assiette de chacun des convives; elle est l'astre sur lequel il doit avoir les yeux sans cesse. Son premier devoir est de la tenir toujours garnie, ainsi que le verre plein. Il doit avoir horreur du vide.

— Le morceau le plus délicat d'une poularde rôtie, c'est l'aile. Le meilleur d'une volaille bouillie, c'est la cuisse, surtout si cette cuisse est b anche, grasse et charnue, Les dames s'acharnent aux croupions, et, si ce sont des perdrix, à l'estomac.

— On distingue dans un aloyau le morceau du procureur et celui des clercs; ce dernier est le moins tendre. Ceci vient à l'appui de la loi des contrastes, car rien n'est plus coriace qu'un vieux procureur.

— Les oies, les canards, les sarcelles, et généralement tous les oiseaux aquatiques se découpent selon des principes différents de la volaille; on les sert par aiguillettes levées très-minces.—Toutes les cérémonies, lorsqu'on est à table, tournent toujours au détriment du dîner. Le grand point, c'est de manger chaud, proprement, long-temps et beaucoup.

— Les vrais gourmands ont toujours achevé leur dî-ner avant le dessert. Ce qu'ils mangent par delà le des-sert n'est que de politesse; mais ils sont en général très-polis.

VI. MAXIMES ET RÉFLEXIONS. — De toutes les actions de la journée d'un gourmand, le dîner étant la plus im-portante, on ne saurait donner une attention trop scru-puleuse à tout ce qui s'y rapporte.

— Un vrai gourmand aime tout autant faire diète que d'être obligé de manger précipitamment un bon dîner.

— Les dîners fins se font en petit comité : un repas de foncés amateurs ne doit pas excéder dix couverts.

— Quelques personnes redoutent à table une salière renversée et le nombre treize. Ce nombre n'est à craindre qu'autant qu'il n'y aurait à manger que pour douze. Quant à la salière, l'essentiel est qu'elle ne se répande pas dans un bon plat.

— Le fromage est le biscuit des ivrognes.

— En province et surtout dans les bonnes villes du midi, où l'on fait excellente chère, un grand dîner est une affaire d'état. On en parle trois mois d'avance, et la di-gestion en dure six semaines.

Lisez encore cet excellent traité des fruits, et consultez-le souvent pour la composition de vos desserts :

DES FRUITS. Les fruits sont le principe d'une foule de préparations estimées, délicates et friandes. Chaque sai-son a les siens A l'époque où ils sont abondants, la halle de Paris est le plus beau verger du monde. — Les *fraises* sont les fruits les plus précoces que la divine Pro-vidence accorde à nos tables et l'un des plus estimés à Paris, où elles durent depuis la fin d'avril jusqu'en octo-bre. Les fraises sont saines et jolies, balsamiques, rafraî-chissantes, et quelque peu laxatives : le sucre et du vin gé-néreux corrigent cette dernière propriété en les rendant amies de presque tous les estomacs. Elles sont bonnes surtout le matin à jeun, ou lorsque le travail de la diges-tion est achevé; elles se mangent crues, avec du sucre en poudre, quelquefois avec un peu de vin. On en fait d'a-gréables confitures, ou bien on les conserve par le procédé Appert. — Les *cerises* paraissent bientôt après les fraises, leur acidité les rend très-salutaires, mais elles conviennent mieux à jeun qu'après un bon dîner. Les plus estimées viennent de la vallée de Montmorency, où se distinguent entre toutes les *gobets à courte queue* et les *cerises anglaises*. — Les *guignes* et les *bigarreaux*, plus doux, sont moins sains que les cerises ; on les croit fiévreux. On fait avec les cerises d'excellentes compotes et de bonnes confitures ; on les dessèche, on les confit, on les met à l'eau-de-vie, etc. (Voir le Conservateur pour ces préparations.) — Les *abricots* sont des fruits mucoso-sucrés qui suivent d'assez près les cerises ; ils forment, ou crus, ou en compote, un plat de dessert auquel on fait toujours honneur. Les officiers, les pâtissiers et les confiseurs en tirent parti de mille manières. Les *abricots-pêches* sont plus gros et plus juteux que les abricots ordinaires ; ils ont un goût et un parfum particuliers. — Les abricots bien mûrs sont adoucissants, nourrissants et relâchants. — On fait d'excellentes glaces avec les fruits dont nous avons parlé jusqu'ici. — Les *groseilles* viennent à peu près avec les cerises ; elles se servent égrenées avec du sucre en poudre ; on les mange en compotes ; on les botte avec du sucre fin ; leur gelée est de toutes les confitures la plus usitée (voir pour toutes ces préparations, pour le sirop, la liqueur et les glaces, l'article *Groseilles* du Conservateur). La légère acidité de ce fruit le rend rafraîchissant, apéritif et stomachique ; il est d'un usage diététique très-salutaire. — La *framboise* a un parfum délicieux : elle est nourrissante, cordiale, adoucissante et légèrement fondante, très-saine et bonne à l'estomac : elle se mange crue, mêlée aux groseilles et aux fraises (voir pour ces compotes, confitures, glaces, marmelade, dragées, sirop, l'ouvrage cité). — Vers la fin de juillet, il se fait à Paris une prodigieuse consommation de *noix* en *cerneaux* que l'on accommode avec du verjus, du sel et un peu de poivre fin. Les noix fraîches et les noix sèches sont indigestes (voir *ibidem* pour les noix vertes). — Les *pêches* sont le fruit le plus beau et le plus distingué que produise notre climat. Celles de Montreuil l'emportent sur toutes les autres : le teton de Vénus est la reine des espèces ; la mignonne, plus hâtive, est moins fine ; les *presses* ou pêches adhérentes sont moins estimées et moins estimables. Les pêches sont des fruits rafraîchissants, fondants, apéritifs, faciles à digérer, qui se mangent crus avec du sucre, ou bouillis dans l'eau comme les œufs à la coque. Elles sont d'une grande importance entre les mains des glaciers et des confiseurs. — Les *prunes*, celles de reine-Claude, de mirabelle, de monsieur et de Sainte-Catherine, seules admises crues sur les tables un peu recherchées sont agréables ; les autres espèces sont toutes plus ou moins médiocres. Les *pruneaux* de Tours ou d'Agen ou prunes sèches, les mirabelles de Metz sont estimés et recherchés. Les prunes cuites et préparées de diverses manières sont fort saines (voir le Conservateur.)— Parmi les *poires*, les plus estimées sont le doyenné, le beurré, la cressane, le Saint-Germain, le bon-chrétien d'été et d'hiver, le rousselet, la bergamotte, le messire-Jean et la virgouleuse. Ce fruit est un manger délicieux; mûr à point, il se distingue par des qualités humectantes, apéritives, nourrissantes et légèrement laxatives : un peu de sucre, un commencement de cuisson dans l'eau les rend de plus facile digestion (voir *ibidem* pour leurs préparations) — Les *coings* ne se mangent que cuits et servent à former des compotes, des gelées, des confitures liquides, de la marmelade, du ratafia, etc. Ils diffèrent des poires par leurs qualités diététiques : ils sont de propriété astringente et stomachique. — Le *raisin* se sert cru ; le *fontainebleau* est le meilleur qui se mange à Paris : bien mûr, ce fruit est rafraîchissant, fondant, légèrement laxatif et en général très-sain (voir le Conservateur pour les raisins secs). — Le *verjus* est d'une grande utilité pour les cuisiniers, les confiseurs et les officiers ; ses qualités acidules et rafraîchissantes le font rechercher dans une foule de circonstances. Les *pommes*, qui durent plus de huit mois chaque année, sont d'une grande ressource pour les desserts. Elles acquièrent une grande importance lorsque, passées par les mains du cuisinier ou de l'officier, elles se sont transformées en entremets variés, en compotes, en gelées, en sucre, en pâtes. C'est à n'en pas finir, que d'énumérer les avantages de ce fruit; on regarde comme calamiteuses, en plus d'un pays, les années où les pommes manquent. Crues et bien mûres, elles ne conviennent qu'aux bons estomacs pour lesquels elles sont rafraîchissantes, laxatives et nourrissantes. — Les *nèfles* molles sont assez généralement du goût de tout le monde ; on les trouve le plus souvent astringentes. — Les *marrons* de Lyon ou du Luc jouent pendant l'hiver un assez grand rôle sur nos tables. Le cuisinier en confectionne un potage au gras fort estimé ; il les fait entrer dans les chipolatas, dans les dindes rôties ; il en prépare d'excellentes purées ; les crèmes, les omelettes soufflées tirent de la distinction de la farine des marrons.—L'officier les fait bouillir ou rôtir, il en forme des compotes, des biscuits, etc. Le confiseur les confit au sec, les glace, en fait des pâtes délicieuses (voir le Conservateur). Le marron est nourissant, mais trop lourd pour les estomacs faibles et pour les personnes sédentaires. — Les *amandes* ne paraissent guère en entier sur nos tables que vertes ou bien mélangées aux fruits secs du carême connus sous le nom de mendiants. Pour les pâtissiers et les confiseurs, elles sont d'une tout autre importance, elles font la gloire du petit-four ; c'est le plus beau fleuron de la couronne du confiseur. — Ce fruit est nourrissant, relâchant, calmant, adoucissant ; mais il exige un bon estomac. — Des *amandes amères* ne conviennent qu'en très-petite quantité et mêlées aux amandes douces dont elles relèvent et aiguisent la saveur. Les *pistaches*, regardées comme aphrodisiaques, conviennent aux convalescents, dont elles fortifient l'estomac. Elles jouent un grand rôle dans la cuisine, dans l'office, chez les pâtissiers et surtout chez les confiseurs.— Les *avelines* sont adoucissantes et nourrissantes ; elles font partie des fruits secs du carême, mais elles ne conviennent pas à tous les estomacs. Le confiseur et l'officier nous les offrent sous plusieurs formes délicates et appétissantes. — Les *figues* d'Argenteuil sont un des meilleurs hors-d'œuvre potagers que l'on puisse donner à Paris ; elles sont succulentes, parfumées et juteuses : c'est un aliment très-sain, adoucissant et de facile digestion. Quant aux figues sèches, on les considère comme pectorales et lénitives.— Les *melons* sont un autre fruit de hors-d'œuvre ; bons, bien parfumés et à leur point juste de maturité, ils sont avec raison fort recherchés des gourmands. Leur chair est fondante alors, savoureuse, humectante, et convient par-dessus tout aux estomacs chauds. Il y a une telle différence entre les melons de bonne qualité et les médiocres qu'on ne peut prendre trop de précautions pour éviter ces derniers ; le moyen le plus sûr est de les acheter à la coupe. Les *mûres* se mangent encore en hors-d'œuvre, bien grosses et bien noires ; elles sont rafraîchissantes, apéritives, fondantes et quelque peu laxatives. On les confit au sec et au liquide, on en fait un sirop (voir le Conservateur). — Les *olives* paraissent à l'entremets dans de l'eau fraîche. Farcies aux câpres et aux enchois, et confites à l'huile vierge, elles font un délicieux manger. Pourtant c'est la cuisine qui en tire le plus grand parti comme garniture. On doit manger les olives avec modération. — Les *dattes* choisies sont onctueuses, sucrées et d'un excellent goût. Légèrement astringentes, elles modèrent le cours de ventre, fortifient l'estomac, adoucissent la poitrine, les reins et la vessie ; elles nous arrivent desséchées. — Les *oranges* de Malte et de Portugal sont sans contredit le plus beau, le plus apparent et le plus parfumé des fruits du dessert ; elles s'y mangent en compotes, crues, en gelées. Le confiseur surtout en tire un grand parti (voir *ibidem*). Les oranges sont un des fruits les plus sains : leur suc légèrement acide, rafraîchissant, stomachique et apéritif, est du goût de tout le monde. Les *bigarades*, espèces d'oranges d'un goût particulier et assez agréable, sont un assaisonnement de propriété acide et astringente. — Les *citrons* jouent un grand rôle dans la cuisine. Mais ce sont les confiseurs et les distillateurs qui en font le plus grand usage, c'est une des clés de voûte de leur édifice. Les premiers les confisent au sec, au liquide, en tailladins, en bâtons, etc. ; ils en font des pâtes, des conserves, de la marmelade, des massepains, des dragées, des pastilles, une poudre pour la limonade, un sirop, etc. Les seconds font entrer le zeste dans un grand nombre de liqueurs ; ils fabriquent des crèmes de citron, de limettes, etc. (voir *ibidem*) : ce fruit, des plus sains, est rafraîchissant. — Les *cédrats* sont l'espèce de citrons la plus distinguée. — Les *grenades* ont un suc très agréable, acidule et rafraîchissant contenu dans leurs grains ; leur écorce fortement astringente est du ressort de la pharmacie. — L'*ananas* est le plus distingué des fruits qui paraissent sur nos tables ; c'est chez nous un produit des serres chaudes. On le mange cru, coupé par rouelles, assaisonné de sucre en poudre. Il est avec ceux qui précèdent la base de glaces fort estimées.

Enfin, parcourez encore cette curieuse et amusante anecdote donnée par Grimod de la Reynière, sous le titre de minuties importantes :

Quelques principes de savoir-vivre à table sont résumés dans une conversation plaisante entre Delille et l'abbé Cosson ; c'est le poète qui raconte :

« Dernièrement, dit-il, l'abbé Cosson, professeur de belles lettres au collége Mazarin, me parla d'un dîner où il s'était trouvé quelques jours auparavant, avec les gens de la cour, les cordons-bleus, des maréchaux de France, chez l'abbé Radonvilliers, à Versailles. Je parie, lui dis-je, que vous y avez fait cent incongruités. — Comment donc? reprit vivement l'abbé Cosson, fort inquiet. Il me semble que j'ai fait la même chose que tout le monde. — Quelle présomption! Je gage que vous n'avez rien fait comme personne. Mais voyons, je me bornerai au dîner ; et d'abord, que fîtes-vous de votre serviette en vous mettant à table? — De ma serviette? Je fis comme tout le monde ; je la déployai, je l'étendis sur moi et l'attachai par un coin à ma boutonnière. — Eh bien! mon cher, vous êtes le seul qui ayez fait cela ; on n'étale point sa serviette, on la laisse sur ses genoux. Et comment fîtes-vous pour manger votre soupe? —Comme tout le monde, je pense. Je pris ma cueiller d'une main et ma fourchette de l'autre... — Votre fourchette, bon Dieu! Personne ne prend de fourchette pour manger sa soupe. Mais poursuivons. Après votre soupe, que mangeâtes-vous? — Un œuf frais. — Et que fîtes-vous de la coquille? — Comme tout le monde ; je la laissai au laquais qui me servait. — Sans la casser? — Sans la casser. — Eh bien! mon cher, on ne mange jamais un œuf sans briser la coquille. Et après votre œuf? — Je demandai du *bouilli*. — Du *bouilli!* Personne ne se sert de cette expression : on demande du bœuf, et point de bouilli. Et après cet aliment? — Je priai l'abbé de Radonvilliers de m'envoyer d'une très-belle volaille.— Malheureux! de la volaille! On demande du poulet, du chapon, de la poularde ; on ne parle de volaille qu'à la basse-cour. Mais vous ne dites rien de votre manière de demander à boire. — J'ai, comme tout le monde, demandé du champagne, du bordeaux, aux personnes qui en avaient devant elles.— Sachez donc qu'on demande du *vin de champagne*, du *vin de Bordeaux*... Mais dites-moi quelque chose de la manière dont vous mangeâtes votre pain. Certainement à la manière de tout le monde : je le coupai proprement avec mon couteau. — Eh! on rompt son pain, on ne le coupe pas. . Avançons. Le café, comment le prîtes-vous? — Eh! pour le coup, comme tout le monde; il était brûlant, je le versai par petites parties de ma tasse dans ma soucoupe.— Eh bien! vous fîtes comme ne fit sûrement personne : tout le monde boit son café dans sa tasse, et jamais dans sa soucoupe. Vous voyez donc, mon cher Cosson, que vous n'avez pas dit un mot, pas fait un mouvement qui ne fût contre l'usage. L'abbé Cosson était confondu, continue Delille. Pendant six semaines, il s'informait à toutes les personnes qu'il rencontrait de quelques-uns des usages sur lesquels je l'avais critiqué. » Delille lui-même les tenait d'une femme de ses amies, et avait été longtemps à se trouver ridicule dans le monde, où il ne savait comment s'y prendre pour boire et manger conformément à l'usage.

M. le Marquis de CUSSY.

Tout classique de la table qu'il est, M. de Cussy est plutôt un épicurien qu'un écrivain ; sans doute les fragments qu'il a laissés sont pensés et écrits avec infiniment de savoir, de goût et d'esprit, mais ils sont plutôt d'un amateur distingué, d'un homme du monde, que d'un homme de lettres.

La vie de M. de Cussy a été belle et bien remplie. Nommé par l'empereur Napoléon, baron et préfet du palais, il dépensa noblement et en grand seigneur son immense fortune dans l'exercice de ses fonctions. A peu près ruiné, en 1814, il resta fidèle au maître vaincu, et se chargea d'aller reconduire Marie-Louise à Vienne. Remis en place au 20 mars, il s'est vu bientôt presque dépourvu de ressources. Ce n'était, il est vrai, qu'une misère relative, car M. de Cussy, avec le peu qui lui restait, trouva encore moyen de vivre avec dignité et de donner quelques dîners d'amis, que sa conversation rendait les plus agréables du monde. Personne, dit-on, ne causait mieux que lui ; sa mémoire, ornée d'anecdotes de grands seigneurs et de femmes du monde, lui fournissait les sujets les plus piquants et les plus variés. Connu pour la sûreté de son goût et l'étendue de ses connaissances culinaires, il se chargeait d'indiquer des cuisiniers à toutes les grandes maisons gastronomiques de l'Europe.

M. de Cussy a peu écrit ; ce qu'il a laissé a été, dit-on, griffonné à la hâte ; ce n'est donc pas dans les pages signées de son nom qu'il faut chercher tout son esprit. Du reste, une citation de M. Fayot le fera mieux connaître :

Sa vie, dit-il, « dans son introduction aux *classiques de la Table* », peut être résumée en quelques traits.—Il ne laissait manger qu'avec mesure et boire qu'à petits coups. —On jouissait chez lui d'une liberté polie. — Les dîners duraient deux heures,—puis on se dispersait et l'on était libre. — Règles. Peu de monde à table : 10, 11, ou 7, 5. — Sa petite table était ouverte une fois toutes les semaines.—Souvent il était à la Halle dès quatre heures du matin.—Répondant à M. Brillat-Savarin, qui demandait deux douzaines d'huîtres par couvert, détachées, placées d'avance : — « Professeur, vous n'y pensez pas ! des huîtres ouvertes et détachées ! Je ne vous excuse que parce que vous êtes né dans le département de l'Ain ! » — Il défendait de manger lorsque l'appétit n'était pas éveillé. « Ne faites rien de trop pour votre estomac, ou il vous abandonnera ; car il est ingrat. » — « Ne réunissez à dîner que les gens qui s'affilient en morale et en pensées. » — « En hiver votre salle à manger sera chaude, 13 degrés ; baignez-la de lumières. » — Il méprisait le thé,— et déclarait déserteur tout invité qui, au lieu d'arriver à six heures, n'arrivait qu'à six heures un quart.

M. Brillat-Savarin demandait qu'une salle à manger fût ornée de glaces ; M, de Cussy résistait, parce que « ce n'est qu'à jeun qu'il faut s'étudier dans son miroir. » — Le professeur conseillait la musique pendant le dîner ; M. de Cussy l'acceptait lorsque c'était « celle des instruments à vent, qui ont sur les autres la supéricrité d'Apicius sur Lucullus. »

Je n'emprunte à M. de Cussy que deux chapitres : l'un qui traite de la pâtisserie, l'autre des bals, des ballets et des soupers ; ils suffiront pour faire connaître sa manière :

PATISSERIE.

Fait constant : les mets bien achevés sont suaves.

La pâtisserie a toujours été la partie des dîners destinée aux femmes, aux enfants et aux vieillards. Je l'aimerais mieux dans les *collations*, les *goûters* et les *soupers*. Les habiles n'y touchent que peu à la table du dîner. C'est un principe de prudence et de goût : ces pâtes croquantes ont besoin d'être mangées à part.

Avice, surnommé le Grand, est le premier pâtissier très-habile de la fin du dernier sièc'e et du commencement de celui-ci. Carême est après et bien au-dessus de lui uu des praticiens qui ont le plus influé sur le perfectionnement de la pâtisserie, et il a rendu ses petits gâteaux populaires. Il dit dans un chapitre de ses *Mémoires* : « Lorsque, pour oublier les envieux, je vais promener mes regards dans Paris, je remarque avec joie l'accroissement et l'amélioration des *boutiques de patissier*. Rien de tout cela n'existait avant mes travaux et mes livres. Comme je l'ai prédit, les pâtissiers sont devenus très-adroits et très soigneux ; les boutiques sont embellies avec la venue des commandes ; plus de consommateurs et plus de commerce et d'aisance ! »

A l'époque de sa jeunesse, il inventa les *gros nougats* et les *grosses meringues*, les *croquantes*, qui sont si belles quand on les regarde et si bonnes quand on les mange ! Ce qui les égalait, c'étaient ses *babas*, ses *poupelins* exquis et ses *solilemmes* : cette dernière composition n'était que renovée et perfectionnée. Peut-être qu'il faut en faire remonter l'idée première à un feu chanoine normand, rempli d'esprit, je dois le dire, quoiqu'il fût de ma famille.

Il n'y avait de bons pâtissiers avant lui, à Paris, que les Gendrons, Rouget, Montaste, Bailly, Laforge, Lozet et Thomas ; maintenant le nombre en est grand ; mais à

leur tête est placée la maison de **M. Allain**, successeur
de **M.** Lozet : sa maison est, sans contredit, la première
de Paris : on y trouve réunis bon goût. élégance et délicatesse. Il y a eu un praticien dont Carême a exalté la
perspicacité et la gloire : c'est l'humble pâtissier de Bordeaux qui a imaginé le procédé du cornet de papier qui
sert à décorer et meringuer l'entremets moderne. « Idée
charmante, s'écrie-t-il, invention éminemment raisonnée,
qui doit réunir le nom de son auteur à celui des hommes
les plus ingénieux ! Les hommes ordinaires n'y trouvent
rien d'étonnant ; j'y trouve, moi, du génie, et celui d'un
observateur bien fin. » Après avoir expliqué nettement ce
moyen, il ajoute : « L'homme ne crée pas, ou rarement il
observe et reproduit ce qu'il a observé. Plusieurs fois
l'envie a voulu renvoyer cette découverte au hasard,
mais c'est impossible, il n'y a pas d'idée suivie dans le
hasard ! »

Carême est le premier praticien qui ait porté la préci-
sion de l'architecture dans la pâtisserie : les formes légè-
res imprimées à sa pâtisserie, ses découpures, son feuilletage, ont charmé les yeux ; et sa suavité fondante a
augmenté la quantié des mangeuses de gâteaux.

Carême a laissé de précieux dessins des pièces desti-
nées à être servies dans les festins royaux, sur les tables
officielles. diplomatiques, etc.. etc. Là, il s'est révélé
plein de l'art et du goût des *Vignole*, *Palladio* et *Sca-
mozzi*. Avant de réformer la pâtisserie chez nous, il avait
voulu étudier celle qui était faite en Europe, et il était
allé pour cela en partie à Vienne, à Varsovie, à Saint-
Pétersbourg, à Londres, à Rome, à Naples, en Suisse.
Carême a cherché partout les formes qui peuvent attirer
agréablement les regards, et n'a pensé qu'à être finement
travaillé et élégant. « J'ai voulu rajeunir, corriger, plutôt que refaire. J'ai refait ou fait cependant, et, grâce au
ciel, de quoi laisser ma trace. Voici mon titre à l'intérêt :
né gourmand, je n'ai jamais risqué ma santé dans les
luttes où j'ai entraîné et, au bout du compte, fortifié
celle de mes contemporains ; j'ai été prudent, non par
goût, mais par un sentimement profond de mon devoir :
je sentais si bien ma vocation que je ne voulais pas la
manquer en m'arrêtant à manger ; ma tâche, messieurs
les rieurs, a été belle ; j'ai voulu renforcer la vie des vieilles
sociétés, toujours un peu grêle, et j'y suis parvenu. J'en

appelle au témoignage de mes savants amis, Broussais père, Joseph Roques, Gaubert. »

Carême recommandait sa légère pâtisserie pour le café au lait du matin, et n'a point négligé, au milieu de ses vastes occupations, le modeste gâteau des familles, ce superflu si nécessaire, qui renoue nos relations les plus aimables. Carême a laissé les recettes de plusieurs-

Le feuilletage est la partie très-difficile de la pâtisserie.

Carême battait longtemps et vivement sa pâte, pour que l'air y vînt et allongeât ses tissus et ses fils légèrement beurrés. Ces choses sont faites, à présent, fort habilement d'après ses prescriptions. Il aurait désiré, quand son imagination l'emportait, que la pâtisserie fût restée, comme au temps de la chevalerie, l'office des jeunes femmes : et « les gourmands de pâtisseries le deviendraient bien davantage ! »

Les pâtés froids de Carême appelés *timbales* étaient succulents ; ses pâtés chauds de poissons et de légumes, servis aux *Relations extérieures*, étaient encore plus fins et meilleurs : nos vieux diplomates ne les ont pas oubliés.

La *tourte* est aujourd'hui un plat grossier ; originairement, elle n'était qu'un pain de forme ronde. Les dames châtelaines étaient les premières pâtissières ; et la pâtisserie est nommée une première fois dans une charte de Louis-le-Débonnaire, en 822.

Les *échaudés* datent de 1202. Je le répète, je parcours les faits et ne les décris pas.

La pâtisserie est fort difficile à travailler et fort dangereuse : en conséquence, disait Laguipierre, la profession est honorable ! c'est un combat continuel.

« Le charbon nous tue, ajoutait Carême, mais qu'importe, Avice ! moins d'années et plus de gloire ! »

Carême était plein de la lecture d'Homère, et son imagination en rêvait fréquemment les merveilleuses fictions.

L'âge d'or de la *pâtisserie* simple a été, suivant Carême, l'époque du traité d'Utrecht. « Les pâtissiers faisaient alors les délices de la cour du plus galant des rois, et jouaient un rôle dans la société. On y remarquait leur bonne tenue : ils se répandirent aussi en Europe dès que la diplomatie devint une science consentie, après les haltes des batailles. »

Cet artiste nous raconte que sa plus belle pièce de pâtisserie fut servie à Neuilly : c'était un *pain bénit*, et il avait été pétri pour madame **P.** Borghèse. « Lorsqu'il fut dévoilé à l'église, poursuit Carême, j'ai trouvé qu'il avait quelque chose de grand et de religieux, en rapport avec l'encens qui brûlait dans de petites cassolettes et dans la coupe d'or ; sa douce odeur parfuma un moment la voûte sacrée, et entra dans nos têtes ! »

Quel meurtre d'avoir fait ce pâté pour une église de village ! Il était digne de Saint-Roch et de son curé, **M.** Olivier, l'un des prêtres les plus polis, les plus charitables et les plus experts en cette science du clergé de Paris. Il est vrai qu'à cette petite église de Neuilly se rendait autrefois, le dimanche, en été, **M.** de Fontanes. Son souvenir méritait bien ce sacrifice.

N'avait-il pas écrit vingt ou trente ans auparavant des vers admirables sur une église de village ?

BALS, BUFFETS, SOUPERS.

Le froid est tout par lui-même, où il n'est rien. Le talent seul en fait ressortir la suavité fraîche et les beautés.

Un cuisinier médiocre appauvrit les viandes et les rend insipides. Dans les bals, il ne suffit pas, si vous voulez sincèrement faire souper, que les entrées froides soient très-brillantes et bien dressées, il faut qu'elles soient suaves et bien coupées. « Ménagez vos gelées, dit aussi Carême à ses confrères ; ayez des réserves : et quand vos froids tirent à leur fin, que le manque de gelée ne vienne pas le dire aux convives.

Ainsi, que vos dernières entrées ne soient pas pauvres de bordures. Un bon dîner n'est pas celui où l'on *mange tout*, mais celui où l'on fait halte au milieu de *nouvelles* richesses.

Puisque nous parlons de *bals*, je vais retracer un grand bal, qui fut véritablement modèle. Napoléon le donna à l'*Elysée impérial*, à l'occasion du mariage du prince Jérôme et de la princesse de Wurtemberg. Ce fut lui qui le voulut, et qui indiqua ses dispositions principales ; vous allez reconnaître sa main.

« Les salons et les jardins, tout fut comme enchanté. L'illumination était des plus brillantes et du meilleur goût ; des ponts, des chaumières, des pavillons et des grottes avaient été improvisés en quelques jours. On marchait et on dansait au son de l'orchestre de l'*Académie de musique*; les airs étaient pleins d'une douce harmonie, et un ballet où l'on remarquait, avec des femmes charmantes, les plus beaux hommes de la cour et des rangs élevés de l'armée, était exécuté sur la pelouse; le fameux Forioso vint faire ensuite une ascension au milieu du feu d'artifice. Mais ce n'était pas tout.

» Ce grand bal fut un des mieux servis et des mieux commandés que j'aie vus pendant ma vie.

» M. Robert y était contrôleur, et le fameux Laguipierre chef des cuisines.

» Riquette (1) et moi, nous fûmes chargés du froid. Voici à peu près ce que nous fîmes porter sur les tables : vingt-quatre grosses pièces; quatorze socles portant six jambons, six galantines et deux hures de sanglier; six longes de veaux à la gelée ; plus, soixante-seize diverses entrées dont six côtes et filets de bœuf à la gelée; six de noix de veau, six cervelles de veau dressées dans des bordures de gelée moulée; six pains de foies gras ; six de poulets à la reine en galantine ; six d'aspics garnis de crêtes et rognons; six de salmis de perdreaux rouges chauds-froids; six de fricasssée de poulets à la reine chaud-froid; six de mayonnaises de volaille ; six de darnes de saumon au beurre de Montpellier; six de salad.s de filets de soles ; six de galantines d'anguilles au beurre de Montpellier.

» Nos bordures furent ainsi composées pour les darnes de saumon : des bordures de beurre rose très-tendre; pour les tronçons d'anguilles, des bordure de beurre à la ravigote vert-tendre ; pour les salades de filets de soles, de bordure d'œufs, et pour les mayonnaises de volaille des bordures de même sorte ; pour les chauds-froids de poulets et de gibier, des bordures de racines et de truffes. Toutes ces bordures étaient ornées de gelée, la décoration des entrées était en gelée seulement; de manière que le reste de nos entrées et nos grosses pièces furent étoffées et étincelantes de gelées à diverses nuances.

---

(1) M. Riquette, alors un jeune Parisien; cuisinier distingué, qui a fait depuis une fortune considérable chez l'empereur Alexandre. Il parlait et écrivait si remarquablement que ses émules le surnommèrent le *beau parleur*.

» De mâles croûtons de gelée en formaient les bor- dures, et notre froid fut d'un beau fini, d'un beau idéal !

« J'ai imaginé nos nouvelles *suédoises* vers 1804. Les formes qu'on leur donnait avant moi étaient sans grâce et sans élégance. Mon essai eut un plein succès à un grand *extra* de bal que les maréchaux offrirent à leur maître. Le bal fut magnifique : on le donna dans la salle de l'*Opéra*, décorée de tentures ; il était alors rue de Richelieu. M. Richaud cadet en dirigea les travaux, et M. Pécar, le chef de l'entremets de sucre, m'avait appelé pour le seconder. Il me confia les suédoises ; je lui en fis trente-six, et on ne parla que de ces suédoises pendant plusieurs jours depuis les cuisines jusqu'aux salons de Paris. Heureux temps ! aimables temps ! » (Carême , *Mémoires inédits.*)

ANTONIN CARÊME.

Celui-ci est tout simplement la plus grande illus- tration culinaire des temps modernes. Au lieu de tracer une biographie écourtée de cette célébrité si connue et qui a joué un si grand rôle sous l'Empire et pendant la Restauration, je me bornerai, pour donner une idée de l'homme et de son style, à citer un fragment de ses Mémoires, écrits en 1835. Pour bien connaître ses œuvres, ce qu'il y a de plus sim- ple c'est de les lire en entier ; les cuisiniers de tout ordre et les maîtresses de maison ne peuvent qu'y trouver des indications précieuses. Carême sera longtemps encore l'oracle de ce grand art du ser- vice de table :

Voilà, au moment où j'écris, près de cinq ans que je suis chez M. de Rotschild. — Depuis, j'ai refusé le ser- vice de l'ambassade d'Espagne ; du prince d'Esterhazy, revenu à Paris avec la bienveillante pensée de m'emme- ner en Angleterre. M. d'Esterhazy était l'ami intime du roi Georges IV. Il allait toutes les semaines dîner chez lui. Il était difficile à ces deux gourmets éminents, à ces deux hommes pleins de goût, de passer quelques heures ensemble sans causer gastronomie. Le roi, me disait-il, se rappelait avec bonheur mon service. Il regrettait que, quelques années avant, je n'eusse pu revenir occuper mon poste agrandi. On m'avait offert les plus beaux avantages, et je ne les avais pas acceptés. Un jour, Sa Majesté demanda où j'étais. Le prince lui répondit : « Chez M. de Rotschild, — et c'est là ajouta-t-il, que se trouve la meilleure table de Paris. — Je le crois, répondit George, puisque Carême gouverne cette table. » — Ces paroles m'ont été rapportées par une personne présente et d'un rang éminent.

George IV était un connaisseur si délicat que j'eus lieu d'en être flatté. Ces paroles, d'une haute bienveillance, étaient conformes à tout ce que le prince régent avait la bonté de me dire dix ans avant, à ce qu'il m'avait fait dire depuis. Les conditions étaient magnifiques ; les appointements étaient doublés, et on les transformait en bonnes rentes au bout de quelques années. J'avais eu plusieurs raisons pour ne pas retourner en Angleterre. — Londres et les campagnes des trois royaumes m'étaient insupportables dans l'intervalle des services. Là, tout est sombre ; les hommes s'isolent moralement, vivent séparés, par familles ou groupes. Cette conversation française si attrayante, qui nous console au bout de la terre lorsque nous rencontrons d'aimables compatriotes, n'existe ni à Londres ni dans les belles campagnes de l'Angleterre. J'avais enfin chez le prince, malgré ses bontés, malgré les amitiés que je regrette, un sentiment si profond de découragement et d'ennui que je dus revenir à Paris reprendre le travail de mes livres.

Voici quelques détails sur les offres qu'on me fit pour retourner chez le roi en Angleterre. La lettre de rappel était écrite, au nom du roi, par lord Collingham. Le prince, me disait-il, n'avait pas oublié mes services, et désirait m'attacher définitivement à sa maison. Les avantages étaient bien séduisants, mais je ne pus accepter.

D'abord, ma place chez M. le baron de Rotschild était très-convenable ; ensuite j'étais fatigué, je sentais déjà les premières atteintes du mal qui me ronge...

Je refusai avec chagrin et reconnaissance. — Je ne songe plus qu'à profiter des jours que le ciel peut encore me compter pour terminer les livres qui existent dans mon esprit. Ces livres ont été la pensée de toute ma vie.

Que de peines nouvelles, que de préoccupations, de soucis ne représente-t-ils pas, et comme j'ai tourmenté mon corps et mon esprit par les veilles! Au point du jour, j'étais à la Halle, recherchant les éléments de mon service; quelques heures après, j'étais au milieu de ce service, que je reprenais encore quelques heures avant le dîner. C'est dans la nuit, après un assez court sommeil, et dans les quelques jours de liberté que mes souffrances m'ont laissés, que j'ai dicté dernièrement à ma fille mes chapitres les plus récents. J'ai maintenant la certitude de laisser quelque chose d'utile; mais je ne laisserai pas certainement tout ce que j'avais conçu dans l'intérêt de notre art, dans l'intérêt des hommes honnêtes, des bons praticiens.

La cuisine a grandi sous l'Empire; c'est incontestable. Je crois qu'alors elle améliorait la santé. Cette direction me semble déviée. La mesquinerie, le luxe des deux révolutions qui ont suivi 1815, ont effacé chez nous ces spécialités aimables de l'ancienne société qui attiraient à Paris l'Europe riche et élégante. Tout cela est fini; où allons-nous? je l'ignore : peut-être que les pilotes habiles qui nous mènent le savent.....

Je rédigeai alors mon *Maître-d'Hôtel;* je publiai une nouvelle édition du *Pâtissier royal*, et la troisième du *Pâtissier pittoresque*, dont j'étais propriétaire. Mes ouvrages, formant déjà six volumes, m'avaient créé enfin, en dehors des places dont j'ai toujours sacrifié les émoluments à mes études, la rente nécessaire à une existence douce et tranquille. Je fis cette année-là une recette de plus de 20,000 francs. M. de Rotschild, prisant mon service, éleva de lui-même mes appointements. Il acheta alors du duc d'Otrante la belle terre de Ferrières. M. le baron voulut bien me dire tout de suite que les ressources de Ferrières rendraient mon service bien facile; il ajouta avec bonté : — « Ce beau château, dans une dizaine d'années, vous offrira aussi une retraite. » — Je le remerciai vivement et lui dis que je ne croyais pas que ma santé me permît d'agréer ses offres, que j'étais épuisé. Mon vœu, d'ailleurs, monsieur le baron, n'est pas de finir mes jours dans un château, mais dans un humble logement à Paris. » — Je lui dis encore que mes livres m'avaient créé un revenu qui allait bien au delà de mes besoins. J'augmenterai ce revenu, car je n'ai pas fini ma tâche; j'ai encore à publier un livre sur l'état entier de ma profession à l'époque où nous sommes. — Mais quel est donc ce revenu? me dirent bienveillamment M. de Rothschild et sa famille. Une vive surprise accueillit ma réponse, ce que je disais semblait un rêve; j'ajoutai que ce revenu ne datait pas d'une année, mais de plusieurs. — On était convaincu, mais on ne cessait pas d'être singulièrement étonné.

C'est à quelques mois de là que je fus sérieusement attaqué par la maladie qui me tourmente et qui me ferme peut-être l'avenir. — Ce sont des douleurs dans le côté droit, lesquelles sont souvent insupportables à la suite d'un service actif. Je n'ai connu la fatigue que depuis ce moment. Je suis entre les mains des médecins, mais aucune amélioration ne s'annonce. Je suis tombé; je garde le lit; mes forces disparaissent. Un de mes vieux amis, **M. Magonty**, me remplace dans mon service. La bonne famille de M. le baron peut voir que j'ai bien apprécié ma santé lorsque je lui ai dit que je quitterais incessamment le travail. Que Dieu veuille me conduire plus loin! je le souhaite, car je voudrais achever ma tâche....

Je ne clorai pas ce chapitre où j'ai jeté quelques souvenirs que j'ai puisés au milieu d'un grand nombre de notes, sans dire que j'obtins, dans la maison Rothschild, la bienveillance sans prix d'un homme de génie, du maëstro Rossini. C'est un connaisseur, on le sait. Il disait toujours qu'il ne dînait bien selon ses goûts que chez madame de Rotschid. — Il me demanda un jour si mon service ne partait pas d'une méditation très-attentive. — Je répondis affirmativement. — « Tout ce que je fais, dis-je, est écrit. Je le change légèrement en l'exécutant. »

Un autre jour, M. le baron, à table, au milieu des notabilités de la finance, fit le double éloge de mon habileté et de ma probité. Je fus très-flatté de cet éloge.

Je me rappelle encore qu'un jour qu'il était question pour Rossini d'un voyage aux Etats-Unis, il voulut bien ajouter : — « Je pars, si Carême veut m'accompagner. »

Paris, 1833.

FIN.

TABLE.

—

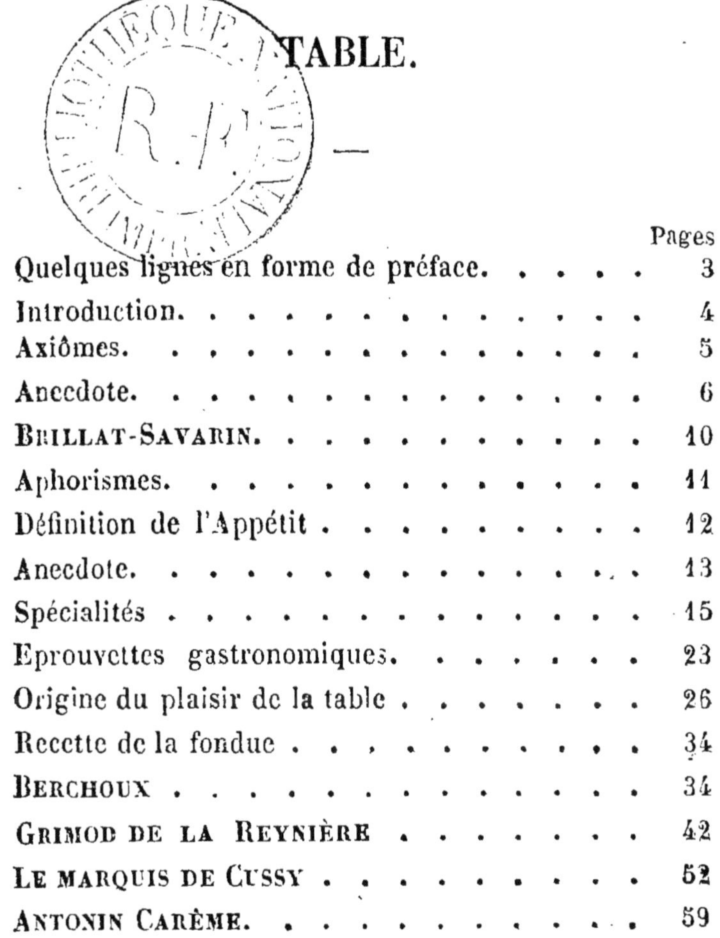